ज्ञान गरिमा के

65 वर्ष

भारतीय ज्ञानपीठ

जैन दर्शन
का
अस्तित्ववादी चिन्तन

डॉ. प्रद्युम्न कुमार अनंग

भारतीय ज्ञानपीठ

ISBN 978-81-263-1569-7

मूर्तिदेवी ग्रन्थमाला : हिन्दी ग्रन्थांक 43

जैन दर्शन का अस्तित्ववादी चिन्तन
—डॉ. प्रद्युम्न कुमार अनंग

प्रकाशक :
भारतीय ज्ञानपीठ
18, इन्स्टीट्यूशनल एरिया, लोदी रोड
नयी दिल्ली–110 003

मुद्रक : विकास कम्प्यूटर ऐंड प्रिंटर्स, दिल्ली–32

आवरण : चन्द्रकान्त शर्मा

पहला संस्करण : 2008
मूल्य : 100 रुपये

JAIN DARSHAN KA ASTITWAVADI CHINTAN
(Jain Philosophy)
by Dr. Pradyumna Kumar Anang

Published by
Bharatiya Jnanpith
18, Institutional Area, Lodi Road
New Delhi-110 003
e-mail : jnanpith@satyam.net.in, sales@jnanpith.net
website : www.jnanpith.net

First Edition : 2008
Price : Rs. 100

दो शब्द

बीसवीं सदी का पूरा कालखंड वैश्विक साहित्य और दर्शन के इतिहास में बौद्धिक पुनर्जागरण का काल कहा जाता है। इसमें अस्तित्ववादी दर्शन ने अपने चिन्तन की धमाकेदार आमद दर्ज की है। नीत्शे से लेकर ज्याँ पाल सार्त्र पर्यन्त अनेक मनीषी दार्शनिकों ने अपने-अपने ढंग से मानवीय अस्तित्व का अन्वेषण और विश्लेषण किया और मनुष्य की नियति की अशरणता, विवशता, मृत्यु की अपरिहार्यता और त्रास की अनिवार्यता का भयावह चित्र खींचा, जिससे विश्व का दो-दो महायुद्धों की विभीषिका का जर्जर चिन्तन—जगत वर्तमान जीवनचक्र की सारहीनता के सम्मुख मोह-भंग की स्थिति में पहुँच गया। बींसवी सदी की मनीषा त्रासद नियति से घबराकर निपटने के लिए अनेक प्रयोगों से गुजरी और इक्कीसवीं शताब्दी के शुरू होते-होते उसने असाधारण गति पकड़ ली और एक अभूतपूर्व कम्प्यूटर-क्रान्ति के युग में प्रवेश किया। इस युग में वर्तमान के साथ अतीत की उपलब्धियों का तालमेल भी हुआ है। पश्चिम के साथ भारतीय इतिहास का अतीत भी खँगाला जा रहा है। हम पाते हैं, भारतीय इतिहास की जैन चिन्तनधारा, जो जैन तीर्थंकरों द्वारा हजारों वर्षों पूर्व प्रवर्तित की गयी थी, अस्तित्ववाद के समकक्ष ही मानवीय, या कहो, जैविक नियति का विश्लेषण करती रही है। आज भी उसका चिन्तन पूरी तरह प्रासंगिक है। यह आलेख इसी सन्दर्भ में प्रस्तुत किया गया है। इसके लिए लेखक राजस्थान विश्वविद्यालय के जैन अनुशीलन केन्द्र (Centre for Advanced Jaina Studies) जयपुर का ऋणी है कि उसने लेखक को एक व्याख्यानमाला देने के लिए आमन्त्रित किया। वर्तमान कृति उन्हीं व्याख्यानों के विषयवस्तु के आधार पर तैयार की गयी है। इसके लिए मैं प्रो. डॉ. पी. सी. जैन, निदेशक, जैन अनुशीलन केन्द्र, जो एक स्थापित जैन विद्वान हैं और विश्वविद्यालय स्तर पर जैन विद्या

जैन चिन्तन का मूलाधार

1. स्वानुभूति स्वयंसिद्धि : मैं हूँ

जैन चिन्तन का धरातल परिस्थितियों से जूझती हुई अस्तित्व की ज्ञान-चेतना है जो सबसे पहले अपने ही होने को प्रश्नांकित करती है। वह अपने से ही मुखातिब हो पूछती है सबसे पहला प्रश्न 'मैं कौन हूँ?' 'मैं कहाँ हूँ?' 'मैं हूँ भी या नहीं हूँ?' सांस्कृतिक इतिहास की मनीषा के ये मूल प्रश्न भारत के प्रथम चक्रवर्ती भरत ने तीर्थंकर हिरण्यगर्भ शिवरूप आदिदेव ऋषभेश के सम्मुख प्रस्तुत किये, तो वहाँ इन शाश्वत प्रश्नों का शाश्वत उत्तर था, 'मैं मैं हूँ, क्योंकि मैं जानता हूँ, कि मैं हूँ। और यह मैं ही जानता हूँ कि मैं हूँ। इसलिए मेरे न होने का कोई प्रश्न ही नहीं, क्योंकि मेरा न होना भी मैं ही प्रमाणित करूँगा।' प्रश्न के 'हाँ' और 'न' दोनों के पूर्व-पक्ष में मैं था, मैं सदैव हूँगा। अत: मेरा होना प्रत्येक होने के प्रश्न का पूर्व और उत्तर-पक्ष दोनों है। मैंने जाना कि मैं हूँ, तो इसका तात्पर्य है कि मेरे जानने से पूर्व क्षण में मैं सत्ता में था, जिसका मेरी ज्ञान-चेतना को विश्वास था। मेरी सत्ता का ज्ञान और उसके पूर्व सत्ता होने का अहसास—पूर्वापर रूप से अविच्छिन्न चेतना के ही दो आयाम स्वयंसिद्ध बने : पहले स्वयं का अहसास यानि दर्शन, फिर स्वयं की निश्चित धारणा यानि ज्ञान, और फिर इनके पूर्वापर व्यापार का उपयोग यानि चारित्र, यह है जैन चिन्तन की पहली स्वयंसिद्धि (Axiom)।

2. स्वयंसिद्ध सत्ता = अस्तित्व = अस्तिकाय

संशयालु ज्ञान-चेतना ने फिर प्रश्न किया, क्या सच ही मैं हूँ? क्या इसमें कोई शक नहीं, कि मैं हूँ? कहीं यह मेरा भ्रम या अध्यास तो नहीं? लेकिन

भ्रम या अध्यास का प्रमाणीकरण भी तो मैं ही करूँगा। बहरहाल, मेरा होना निश्चित है। पूर्ण-नकार की स्थिति में भी ज्ञानचेतना की सत्ता सुनिश्चित है। सत्ता भी स्वयंसिद्ध है। इस प्रकार स्वयंसिद्ध सत्ता का स्वयंसिद्ध श्रद्धान अथवा दर्शन, फिर स्वयंसिद्ध उसका ज्ञान और इन स्वयंसिद्धियों का चेतन उपयोग वस्तुतः सब कुछ एक ही सत् के अभिन्न पहलू हैं। मेरा अस्तित्व दर्शन-ज्ञान-युक्त चेतन उपयोगमय सत्ता के अतिरिक्त और कुछ नहीं। इसलिए सत्ता ही सत् है और सत् ही सत्ता। दोनों एक ही चीज, एक इकाई, एक स्वयंसिद्ध द्रव्य, अस्तित्व। इस स्वयंसिद्ध अस्तित्व की इकाई का दूसरा नामकरण है अस्तिकाय। अस्तिकाय यानि अस्तित्व कायारूप (Body form of existence) ही है। अस्तित्व अस्तिकाय से परे नहीं हो सकता। इसलिए अस्तिकायरूप अस्तित्व एक ठोस द्रव्य है, सत् है, जो प्रथम क्षण में हमारी दर्शन-चेतना का विषय है, फिर उसकी प्रकट अभिव्यक्ति हमारी ज्ञान-चेतना का नामरूप है। और अन्ततः अस्तित्व का दर्शन-ज्ञान-चेतना में रमना उसका उपयोग-भाव है। सत्तारूप अस्तित्व अथवा अस्तिकाय ठोस यथार्थ है जो स्व-पर का द्रष्टा और ज्ञाता है, साथ ही निरन्तर होता हुआ उपयोगरूप चारित्र है। यह स्वयंसिद्ध है, स्वप्रमाणित है, निःशंकित है, असन्दिग्ध है।

3. स्वयंसिद्ध : ऋणात्मक सत्ता—पुद्‌गलास्तिकाय

अस्तित्व सत्तारूप है। वह स्वानुभूत चैतन्य पर आधारित है। चैतन्य धनात्मक और ऋणात्मक अनुभूतियों से युक्त है। मैं 'मैं हूँ' के साथ 'मैं मैं के अतिरिक्त कोई अन्य नहीं हूँ' का अहसास संलग्न है। पहला धनात्मक अहसास दूसरा ऋणात्मक अहसास, परस्पर विपरीत स्व से सर्वथा अन्य का अहसास। अन्य स्व का उल्टा, विपरीत-धर्मी अस्तित्व है। यदि स्व दर्शन-ज्ञान-चेतना युक्त है तो अन्य चेतनाहीन जड़ सत्ता का प्रतीक है। पहला द्रष्टा ज्ञाता है तो दूसरा अचेतन अन्धा पूरण-गलन की मशीनी प्रक्रिया का पुद्‌गल। पहला उपयोगमय, तो दूसरा मात्र प्रयोग का आलम्बन है। दोनों ही स्व और अन्य स्वानुभूति पर आधारित, स्वानुभूति से ही प्रमाणित द्रव्य हैं। जड़ अचेतन अन्य के प्रायोगिक धर्म है। स्पर्श, रस, गन्ध, दृश्य और श्रव्य उसके मूर्तीक प्रयोग हैं। पुद्‌गल की सत्ता ऋणात्मक चेतनानुभूति से प्रमाणित अस्तित्व की एक और स्वयंसिद्धि है। इस प्रकार अस्तित्व की धनात्मक सत्ता स्वयंसंवेदी चेतना-युक्त जीव है और उसकी ऋणात्मक सत्ता चेतनाहीन जड़ पुद्‌गल है। दोनों ही धनात्मक एवं ऋणात्मक सत्ताएँ जीव की स्वयंसिद्ध स्वानुभूति

से प्रमाणित हैं, अतः दोनों ही ठोस यथार्थ हैं। दोनों ही यथार्थ अस्तिकाय हैं।

4. स्वयंसिद्ध : आकाशास्तिकाय

अस्तिकाय यथार्थ सत् है। सत् का यथार्थबोध उपयोगधर्मी जीव को होता है। उपयोग में दर्शन-ज्ञान युक्त प्रज्ञा का समावेश है। प्रज्ञा यथार्थ को अवगाहना से जोड़ती है। जो यथार्थ है, अस्तिकाय है, सत्तावान है, वह कहीं अवगाहित है। अतः यथार्थ सत्ता की अवगाहना का माध्यम एक और स्वयंसिद्ध द्रव्य है आकाश (Space)। आकाश का असाधारण गुण है अवगाहना। वह सम्पूर्ण द्रव्य-राशि को अपने में अवगाहित करता है, स्थान देता है। यथार्थ-बोधी प्रज्ञा सभी अस्तिकायों के फैलाव की जरूरत आकाश की प्राक्कल्पना से पूरी करती है। आकाश स्वयं में अमूर्तीक पदार्थ है, किन्तु उसकी यथार्थ समझ मूर्तीक पुद्‌गल-परमाणुओं के मापदंड से होती है। वह पुद्‌गल-परमाणु को मूर्तीक नापजोख की मूल इकाई करार देता है तथा इस इकाई की अपेक्षा से आकाश को प्रदेशों में बाँटता है। इस प्रकार प्रदेशों की अपेक्षा से आकाश अस्तिकाय हो जाता है। अस्तिकाय हो जाने पर वह वस्तुनिष्ठ यथार्थ सत्ता हो जाता है। आकाश की सत्ता में सम्पूर्ण द्रव्य-सत्ता अवगाहित है। इसलिए आकाश का यह हिस्सा परिमित है, असंख्यात-प्रदेशी है। परिमित आकाश एक प्रकार से धन-चेतना की सोच की सीमा है। इस सीमा में बद्ध आकाश लोकाकाश संज्ञा से अभिहित है। सोच की सीमा की अपेक्षा से आकाश दो आयामों में बँट जाता है—1. धनात्मक आकाश अथवा असंख्यात-प्रदेशी लोकाकाश, 2. ऋणात्मक आकाश अथवा अनन्त-प्रदेशी अलोकाकाश प्राक्कल्पना भी हमारी ऋणात्मक आकाश चेतना की ही उपज है। इसलिए वह भी अजीव सत्ता का भाग है। अलोकाकाश को अलौकिक गणित की स्केल पर गाणतिक आकाश भी कह सकते हैं। आकाश की ऋणात्मक चेतना के अनन्तानन्त-प्रदेशी फैलाव को सत्ता की दृष्टि से सम्पूर्ण आकाश को अखंड अद्वैत द्रव्य ही कहेंगे जो स्वयं अपने में अवगाहित है।

5. स्वयंसिद्ध : धर्मास्तिकाय, अधर्मास्तिकाय

आकाश की प्राक्कल्पना ने यथार्थबोध की विस्तारसम्बन्धी अपेक्षा तो पूरी की जो अस्तिकाय की सामान्य जरूरत थी, परन्तु जीव और पुद्‌गल की

पारस्परिकता को समझाने के लिए यथार्थबोधी प्रज्ञा ने पुद्गल-परमाणुओं में पूरण और गलनप्रक्रिया के लिए स्निग्धत्व और रूक्षत्व गुणों को मान्य किया जो गाणतिक समझ में धन और ऋण तत्त्वों के समकक्ष हैं। इन तत्त्वों के द्वारा परमाणुओं का जुड़ना और बिखरना जारी रहता है। जुड़ने के द्वारा पुद्गल-स्कन्ध बनते हैं, टूटते हैं, फिर स्कन्धों के जुड़ाव से नये-नये छोटे-बड़े स्कन्ध बनते-बिगड़ते रहते हैं। इस प्रकार पुद्गलों के जड़ अणुओं-परमाणुओं के स्कन्धों में प्रदेशान्तरण चालू रहता है। सम्पूर्ण लोकाकाश पुद्गल-अणुओं और उसके विविध-आकारी स्कन्धों के रलन-चलन और ठहराव से निरन्तर मथा रहता है। तो प्रश्न उठता है कि इस प्रकार जीवाजीव अस्तिकायों के आकाशीय प्रदेशान्तरणी, जुड़ने और बिखरने का माध्यम क्या है? उनकी गति और अगति का नियामक कौन है? आकाश तो ऐसा माध्यम है नहीं, क्योंकि वह तो केवल अवगाहना निश्चित करता है। द्रव्यों की गति और अगति केवल लोकाकाश की सीमित समस्या है, असीमित आकाश नहीं। अत: मात्र लोकाकाश में परिव्याप्त गति और अगति के स्वयंसिद्ध माध्यमों की संकल्पना यथार्थ बोध के लिए आवश्यक हो गयी। जैन यथार्थवाद ने उन यथार्थ माध्यमों का नामकरण किया धर्मास्तिकाय और अधर्मास्तिकाय। धर्मास्तिकाय गति का माध्यम और अधर्मास्तिकाय अगति या ठहराव का माध्यम। ये दोनों माध्यम भी आकाश की ही तरह अस्तिकाय द्रव्य परिभाषित हुए। आधुनिक भौतिक विज्ञान की शब्दावली में इन अस्तिकायों को ईथर के धनात्मक और ऋणात्मक रूपों के समकक्ष रखा जा सकता है। जीवाजीव अस्तिकायों को ईथर के माध्यम से तथा स्कन्धों का एकजुट होकर रुकना ऋण-ईथर या गुरुत्वाकर्षण-फील्ड के निमित्त से समझा जा सकता है। दोनों अस्तिकाय स्वयंसिद्ध द्रव्य हैं, जो जीव की ज्ञान-चेतना की ऋणात्मक अनुभूति से प्रमाणित होते हैं।

यथार्थबोध का ठोस सत्तात्मक आधार उपर्युक्त पाँच अस्तिकायों की विवेचना से स्थापित होता है। इन पाँचों में केवल पुद्गलास्तिकाय मूर्त आकार का है, शेष चार अमूर्तीक हैं। प्रथम जीवास्तिकाय दर्शन-ज्ञान-चेतनायुक्त है। शेष चारों जड़ अचेतन हैं। साथ ही जीव और पुद्गल अनन्त सूक्ष्मातिसूक्ष्म खंडों में विभाजित समस्त लोकाकाश में पसरे हुए हैं, परन्तु शेष तीन अस्तिकाय असंख्यात-प्रदेशी लोकाकाश में अखंड रूप से समस्त अतिस्कायों में सहवर्ती रूप से एक-क्षेत्रावगाही स्थित हैं। सभी पाँचों अस्तिकाय द्रव्य हैं। परस्पर

अन्योन्याश्रित हैं। अब यहाँ एक गम्भीर प्रश्न धर्माधर्म अस्तिकायों के बारे में पैदा होता है, वह है इन अस्तिकायों का लोकाकाश से सम्बन्ध। धर्माधर्म अस्तिकाय अनन्तानन्त-प्रदेशी समग्र आकाश के कुछ परिमित हिस्से में व्याप्त हैं जिनके निमित्त कारण बनकर जीव और पुद्गल भी उसी सीमित हिस्से में रहते या रह सकते हैं। उससे बाहर नहीं जा सकते। प्रश्न है, बाहर क्यों नहीं जा सकते? उत्तर है, क्योंकि धर्मास्तिकाय व अधर्मास्तिकाय लोकाकाश के बाहर मौजूद नहीं हैं। जीव और पुद्गलों का स्थानान्तरण धर्मास्तिकाय और स्थिरीकरण अधर्मास्तिकाय के माध्यम से ही हो सकता है। ऐसा ही वस्तुस्वभाव है। तो अब शंका होती है कि धर्माधर्म के लोकाकाश की कल्पित सीमा में ही टिके रहने की बाध्यता क्या है? वे क्यों नहीं अनन्त आकाश में निरन्तर फैलते या सिकुड़ते चले जाते हैं? इस शंका का कोई तार्किक समाधान उपलब्ध नहीं है। लोकाकाश आखिर चौदह राजू की सीमा में ही कैद क्यों है? धर्माधर्मास्तिकाय चौदह से पन्द्रह या तेरह राजू क्यों नहीं हो पाता है? इसका उत्तर जैन परम्परा केवल सर्वज्ञ तीर्थंकर का ही हवाला देकर देती है—कि यह वस्तुस्वभाव है जो अनादि से ऐसा ही चला आया है और अनन्तकाल तक ऐसा ही चलता रहेगा। वस्तुस्वभाव के बारे में कोई शंका नहीं हो सकती। वह एक स्वयंसिद्धि के रूप में स्वीकारी जानी चाहिए।

6. काल द्रव्य : एक और स्वयंसिद्धि

जैन दर्शन के यथार्थवादी चिन्तन ने एक और स्वयंसिद्धि प्रकल्पित की। वह है काल और उसका न्यूनतम अंश समय। शुद्ध स्वानुभूति ने जाना, कि मैं हूँ और नित्य रूप से हूँ। मैं होता हुआ हूँ और यह मैं ही जानता हूँ कि मैं होता हुआ हूँ। इसी तरह दूसरे अन्य भी होते हुए हैं। यह सब स्वानुभूति की धन और ऋण चेतना के परिणाम हैं। तो प्रश्न है, इन परिणामों का परिणमन कैसे होता है? परिणमन करने का माध्यम क्या है? कैसे जो कल था वह आज होता हुआ कल हो रहा है? क्या जो स्वानुभूत चेतना है वह ही बिना किसी अन्य माध्यम के स्वयं होती हुई हो रही है? ऐसी स्थिति में होते हुए होने का इतिहास निरावलम्ब स्वप्नजाल मात्र है। समयबोध एक प्रकार से मतिभ्रम है। और यदि समयबोध भ्रम है, तो सम्पूर्ण सत्-बोध भी शून्य हो जाएगा जो यथार्थबोधी दर्शन को स्वीकार्य नहीं है। सत्ता का

'है' और 'होते रहना', उसके परिणमन का कोई निमित्तभूत अविनाभावी कारण होना चाहिए और वह कारण भी ठोस स्वयंसिद्ध यथार्थ हो, द्रव्य-श्रेणी का सत् हो। वही द्रव्य जैन तत्त्वचिन्तन के अनुसार काल है।

काल निरन्तर उत्पाद-व्यय-रूप है—यह स्वानुभूति से प्रमाणित उसका स्वभाव है। स्वदर्शन की अनुभूति अपने द्रव्य की ऋजु (सूक्ष्म) पर्यायों में ज्ञान-चेतना के उपयोग से अवगत है। ज्ञान-चेतना की ऋजु पर्यायें निरन्तर समयन करती परिणमनशील हैं। समयशील चेतना समयसार है और समयसार युक्त चेतना स्वयं काल द्रव्य है। इस प्रकार द्रव्य-दृष्टि से स्वानुभूति काल-चेतना की ही पर्याय है। इस काल-चेतना की अखंड धारा अनादि से बह रही है अनन्त की दिशा में और उसका सबसे छोटा अंश समय है। यह कालांश काल की विराट धारा स्व में समेट चेतन अस्तित्व के अस्तिकाय में क्षण के रूप में व्यक्त होती हुई क्षणों की सन्तति-परम्परा का सृजन करती है। जब तक यह क्षण-परम्परा धन-चेतना के समयसार से जुड़ी रहती है, स्वसमय कहलाती है। जैसे ही वह ऋण चेतना की सहगामी होकर उपयोग की बजाय प्रयोग-धर्मी बनती है, वह परसमय हो जाती है। तब काल समयसार से वियुक्त होकर स्वतन्त्र कालद्रव्य की हैसियत लेता है और उसके कालाणु समस्त लोकाकाश के प्रदेशों में रत्नों की राशि की तरह बिखर जाते हैं। तब वह कालद्रव्य व्यवहार काल की संज्ञा लेकर सम्पूर्ण सृष्टि का नियामक बन बैठता है। वह महाकाल का विरुद धारण करता है। फिर सम्पूर्ण लोक के परमाणुओं, स्कन्धों तथा महास्कन्ध के उत्पाद-व्यय का स्वामी बनकर लोक का स्रष्टा बन जाता है। वह प्रकृति की सृष्टि और प्रलय का नियन्ता होकर अनादि अनन्त नित्यता का सर्व-व्यापक लौकिक व्यवहार का अधिष्ठाता बन जाता है। यह है परसमय ऋणकाल-चेतना की सर्वग्रासी माया की कर्ममोहिनी विभूति का फैलाव। जैनों की तत्त्व-चिन्ता की यह महत्त्वपूर्ण स्वयंसिद्धि है जो यद्यपि स्वयं अस्तिकाय नहीं है परन्तु सारे अस्तिकायों में व्याप्त उनके अस्तित्व की अनिवार्य शर्त या उपाधि है।

संक्षेप में उपर्युक्त सभी स्वयंसिद्धियों का नामकरण इस प्रकार है:

(1) जीव, (2) पुद्गल, (3) धर्म, (4) अधर्म, (5) आकाश और (6) काल।

इन स्वयंसिद्धियों का सामान्य विवेचन यथार्थवादी तत्त्वचिन्ता की ठीक

समझ के लिए बहुत जरूरी है।

1. स्वयंसिद्धि तत्त्वचिन्तन का आरम्भ बिन्दु होती है। तत्त्वचिन्तन से पूर्व मान लिया जाता है कि वे तत्त्वचिन्ता की मूलाधार हैं जिनका प्रमाणीकरण किसी अन्य प्रमाण से नहीं होता। उनका प्रमाण वे स्वयं हैं। वे स्वयंसिद्ध प्रमाण हैं। सारे अन्य तत्त्व उनसे प्रमाणित होते हैं। सारे प्रमाणों के पूर्व सारी स्वयं-सिद्धियाँ सत्तारूप विद्यमान होती हैं।

2. सभी स्वयंसिद्ध सत्ताएँ द्रव्य हैं। द्रव्य कभी विघटित नहीं होता। उसका न तो आत्यन्तिक उत्पाद होता है, न आत्यन्तिक विनाश। वह नित्य स्वाश्रित पदार्थ होता है।

3. सभी द्रव्य सत्तारूप से समानधर्मी हैं। प्रत्येक द्रव्य सामान्यतः एक सत्ता मात्र का घटक है। वे सत्ता की दृष्टि से छोटे-बड़े वर्गों में बाँटे जा सकते हैं और अन्ततः सारे द्रव्य या पदार्थ एक महा-सत्ता के अभिन्न अंग बन जाते हैं। सत्ता के लिहाज से सारे द्रव्य एक व्यवस्थित संहिति (System) के घटक होते हैं।

4. सभी द्रव्य एक सत्तात्मक संहति में सूत्रबद्ध हो परस्पर एक-दूसरे का उपकार करते हैं। कोई द्रव्य सर्वथा रूप से अलग-थलग एकाकी नहीं है। सब परस्पर जुड़े हुए अंग-अंगी, अवयव-अवयवी व्यवस्था में सूत्रबद्ध होते हैं।

5. यह अवयव-अवयवी की सूत्रबद्ध व्यवस्था अस्तित्व है। अस्तित्व धनात्मक और ऋणात्मक सत्ताओं का जंक्शन है। वह जड़-चेतन, मूर्तिक-अमूर्तिक, स्थूल-सूक्ष्म, नित्य-अनित्य आदि परस्पर विरोधी धर्मों का घालमेल होता है। यह घालमेल अनादि और अनन्त है, यानि यह कब से शुरू हुआ और कब अन्त होगा, न कहा जा सकता न सोचा जा सकता है। वह बस सत्तारूप से है और रहेगा। प्रत्येक द्रव्य सत्तारूप से है, हो रहा है और होता रहेगा।

6. हाँ, इस व्यवस्था में धनात्मक सत्ता केन्द्र में है, क्योंकि वह ज्ञाता-द्रष्टा-उपयोगरूप है। वही सम्पूर्ण अस्तित्व को जानती और कह सकती है। जो कह सकती है, स्वभावतः वह अपने ही ढंग से कहेगी। सम्पूर्ण कथानक खुद रचेगी और स्वयं को केन्द्र में रखकर खुद हीरो बनेगी। और यह सब करते हुए वह सारे अन्य द्रव्यों का अपने ढंग से इस्तेमाल करेगी। वही हो रहा है। धन-सत्ता दार्शनिक है, वह सारा दर्शन व्याख्यायित कर

रही है। बन्धन और मोक्ष की कहानी उसी के द्वारा उसी के लिए रची गयी। जीव बँधा है, जीव दुखी-सुखी है, जीव ही पुरुषार्थी है, जीव ही मुक्त होगा और अन्ततः जीव ही सिद्धात्मा होकर सब के ऊपर बैठेगा, सबका सिरमौर होकर। किसी दर्शन को फिक्र नहीं, कि आखिर पुद्गल आदि अजीव द्रव्यों की क्या नियति है। वे क्यों पैदा हुए हैं, क्या होने के लिए? वे बस हैं, हो रहे हैं, होते रहने के लए ही हैं पुरुष या जीवात्मा के इस्तेमाल के लिए, आत्मा के प्रयोग के लिए। यह है अस्तित्व का एकपक्षीय, एकध्रुवीय दर्शन या फिलॉसफी।

7. बहरहाल, यह अस्तित्ववादी दर्शन काफी दिलचस्प है। वह यथार्थवाद का पोषक है। धन और ऋण दोनों सत्तात्मक यथार्थ हैं। आत्मा या पुरुष के मुक्त होने के बाद भी वे आजाद नहीं हैं। वे प्रत्ययवादी (Idealist) दर्शन की तरह मात्र अध्यास या मतिभ्रम नहीं हैं जो कभी होने या होते रहने से पीछा छुड़ा ले। अस्तित्व में उन्हें नित्यरूप से रहना है। क्यों रहना है, इस बात को कोई नहीं जानता और जान भी नहीं सकता। चूँकि धन-सत्ता को रहना है, तो उससे जुड़ी ऋण-सत्ता को भी रहना पड़ेगा उसका आश्रित बनकर, चाकर बनकर। फिर भी मजा यह, कि अस्तित्व की व्यावहारिक पहचान पुद्गल की ऋणसत्ता से ही है।

8. पुद्गल के एक क्षेत्रावगाही घालमेल से ही आत्मा जीव बना, और उसका रूप वर्णसंकर बना। उसका वर्णसंकर रसायनशास्त्र तैयार हुआ, जिसका नामकरण हुआ कर्म। कर्म की दिलचस्प कहानी जरा बड़ी है, उसे आगे बखाना जाएगा। यहाँ यह संकेत करना है कि अस्तित्व का प्रयोगधर्मी चरित्र इसी कर्म की रोजमर्रा-पालिटिक्स में छिपा हुआ है। पुद्गल की ठोस यथार्थ ताकत ने आत्मा की धनसत्ता की ऐसी-तैसी लगाकर रख दी। आत्मा का अधिकार मात्र जानना देखना रहा और सारा करना, सैद्धान्तिक और क्रियात्मक दोनों, पुद्गल ने हथिया लिये। अब, जो करता है वही सब कुछ है, देखने-जाननेवाला देखता-जानता रहे, एक तरफ बैठा हुआ, पिटता हुआ।

व्यवहारतः आत्मा की यही गति बनी। दार्शनिक बनकर सिद्धान्ततः वह सबकी सम्राज्ञी जरूर बन गयी, चाहे प्रत्ययवादी बनकर निरंकुश 'एकोहं द्वितीयो नास्ति' शासक बनकर, चाहे विशिष्टाद्वैती बनकर सारी प्रजा पर दूर से हुकूमत झाड़ती हुई, लेकिन व्यावहारिक धरातल पर कर्म का शैतान इतनी ताकत जुटा बैठा कि दार्शनिक खुदा का बन्दा पूँछ दबाये इधर-उधर भागने

लगा। निश्चय सिद्धान्त के व्यावहारिक धरातल पर यही नियति बनी अनादि काल से।

9. वैसे तो पुद्गल आदि अजीव अचेतन सत्ताएँ चेतन जीव-सत्ता की अधीनस्थ सहायक सत्ताएँ हैं, क्योंकि उन सबकी पहचान जैविक उपयोग की अपेक्षा से परिभाषित होती हैं, जैसे पुद्गल की पहचान जीव द्वारा उसमें स्पर्श, रस, गन्ध, दृश्य और श्रव्य जैसे असाधारण गुणों को प्रमाणित कर की गयी है, आकाश की पहचान सभी द्रव्यों की अवगाहना गुण से जीव ने की है। उसी प्रकार जीव की प्रज्ञा ने ही जीव और पुद्गल के चलने और रुकने को समझने के लिए धर्म और अधर्म द्रव्यों की कल्पना की। साथ ही, सारे पदार्थों के तारतम्य के लिए जीव की सत्ता ने अपनी ही अर्थ-पर्यायों से काल की सर्जना कर आकाश के प्रत्येक प्रदेश पर कालाणु बिखरा दिये और उन्हें संसार की सारी पदार्थ-इकाइयों को नित्य-रूप से जीने का व्यावहारिक सम्बल जुटा दिया। यह सारी सृष्टि-रचना जीव की ही धनात्मक और ऋणात्मक चेतना से सम्पन्न हुई और एक बृहद् अस्तित्व सम्भव हुआ जिसमें जड़ और चेतन की छोटी से छोटी अदृश्य सत्ताएँ समाहित हो गयीं।

10. सूक्ष्म सैद्धान्तिक रूप से चेतन पुरुष सम्पूर्ण अस्तित्व का अधिष्ठाता जरूर बना परन्तु सृष्टि की मिल्कियत की चाभी व्यावहारिक रूप से जड़ पौद्गलिक प्रकृति के हाथ में आ गयी। सृष्टि की सारी नाप-जोख पुद्गल की ही व्यवहार-गणित से सम्पन्न हुई। पुद्गल की अन्तिम इकाई परमाणु नाप-जोख की मानक इकाई मानी गयी। उसी मानक से आकाश का प्रदेश निर्धारित हुआ। इन्हीं प्रदेशों की गणना से संख्यात, असंख्यात, अनन्त, अनन्तानन्त की गणित विकसी। फिर काल-गणना की मूल इकाई समय का निर्धारण भी इसी परमाणु का एक आकाश-प्रदेश से दूसरे आकाश-प्रदेश में मन्द गति से अन्तरण करने के अन्तराल की अपेक्षा से किया गया। इस प्रकार व्यवहार-गणित परमाणु की भौतिक इकाई के मापन से शुरू होकर आकाश, धर्म, अधर्म के अनन्त विस्तार और काल के अनादि निधन नित्यत्व तक पहुँच गयी। फिर पुद्गल-स्कन्धों की गणना से जीव के कर्मबन्ध, निर्जरा और मोक्ष की अनन्तायामी अलौकिक गणित अस्तित्व में आयी। यह सब कुछ चेतन अधिष्ठाता पुरुष की नाक के ठीक नीचे होता रहा और वह निश्चय-दृष्टि लिये निष्क्रिय देखता, निरखता, जानता रहा।

11. गौर से देखा जाए, तो सृष्टि-रचना का मूलमन्त्र अमूर्त अदृश्य

चेतन पुरुष-आत्मा ने अपनी सूक्ष्म अर्थ-पर्यायों की तरंगों में छिपा लिया और उसका मूर्तीकरण काल के शून्य-बिन्दु से शुरू किया। शून्य-बिन्दु पर वह काल-पुरुष बना और वहाँ से कालाणुओं की अनन्त शृंखला का सृजन काल की धन और ऋण-दिशाओं में करते हुए आकाश के एक-एक प्रदेश-बिन्दु पर विकीर्ण कर दिया। इन विकीर्ण कालाणुओं के आधार पर पुद्गल-जगत का स्कन्धीकरण हुआ जो धर्म और अधर्म द्रव्यों की मदद से महाअस्तित्व से लेकर अवान्तर अस्तित्वों के बरास्ता एकाकी अस्तित्वों तक आ पहुँचा। इन श्रेणीबद्ध अस्तित्वों की भीड़ में आकाश और काल की युति पर मूल-मन्त्रदाता आत्मा की व्यावहारिकता का तन्तुजाल सारी सृष्टि-रचना में फैल गया। गणित की सारी अंक-सीरीज, बीज-गणित की सम्पूर्ण प्रतीकरचना, भूगणित के बिन्दु, रेखाएँ, वृत्त आदि तथा शुद्ध-बुद्धि-विज्ञान का पूरा नेटवर्क कालपुरुष ने इस अनन्त आयामी विश्व को अनन्त शून्य की कोख से पैदा सूत्रधार-सा उसी नित्य शून्य-बिन्दु में लय कर दिया। इस तरह शून्य-बिन्दु ने अपने गर्भलोक में धनात्मक चेतना की अर्थ-पर्यायों की अनन्त अनुक्रमता की नित्यता समेटकर दूसरी ओर ऋण-चेतना-लोक में व्यवहार गणित की धनात्मक और ऋणात्मक अनुक्रमताओं की अनन्त सीरीज जारी कर दी। शून्य से सारी गाणतिक सीरीज जारी होती रही। और उसी में विलय होती रही, फिर भी शून्य शून्य ही बना रहा। अस्तित्व का चिन्तन शून्यवादी गणित के समीकरणों में समा गया।

तत्त्व-चिन्ता

अस्तित्व का निस्सरण गणित के शून्य बिन्दु से हुआ। उसके शुद्ध बुद्धि-सत्त्व के द्रव्य से धन और ऋण सीरीज विकसित हुईं। शुद्ध सत्त्व इस प्रकार दो परस्पर विपरीतधर्मी धारावाहिकों की प्रणालियों में विवर्तन करने लगा, एक प्रणाली धन-सत्तात्मक और दूसरी ऋण-सत्तात्मक, आज की शब्दावली में कहें, पहली दायीं सत्ता (Rightist Pole), दूसरी बायीं सत्ता (Leftist Pole)। इन दायीं और बायीं बाजुओं के बीच शून्यस्थित एक मध्यगामी झूलती हुई परा-सत्ता भी है, जो गाणतिक शब्दावली में धन और ऋण के बीच अन्तरण-बिन्दु (Converging Point) के रूप में अदृश्य द्रव्य-सत्ता की प्रतिनिधि बनी। धन-सत्ता जीव-द्रव्य के चेतन उपयोग की सीरीज में सामने आयी तो ऋण-सत्ता पुद्गल-द्रव्य के जड़-प्रयोग की वाहिका बन जड़ सीरीज बनी। दोनों सीरीज अज्ञात अनादि से एक क्षेत्रावगाही-रसायन की पर्यायों में आकाश-काल और धर्माधर्म द्रव्यों के रंग-मंच पर पट-परिवर्तन करते हुए महानाट्य धारावाहिक (Mega Serial) मंचित कर रहे हैं जिसका पटाक्षेप होनेवाला नहीं है! इस प्रकार अस्तित्व निरन्तर नाच रहा है, जिसमें शून्य द्रव्य की सृजनात्मक प्रज्ञा ऊर्ज्वस्वित हो अपने कथाक्रम में प्रतिक्षण नये आयाम जोड़ती हुई विवर्तन किये जा रही है। यह है महाशिव का अनन्तायामी तांडवनृत्य, जिसमें दायें और बायें का बारी-बारी विविधरंगी नर्तन आत्ममूढ़ पुरुष का रंजन कर रहा है। आत्म-सम्मोहित महादेव ऋषभ के दरबार में नीलांजना-रूपी प्रकृति-नर्तकी दायें-बायें की अनेकरूपा मुद्राएँ पेश कर रही है और भोग के आलम्बनों का नैरन्तर्य बनाये हुए है। इसी में अस्तित्व की अविच्छिन्न शृंखला सम्मोहित हो संलिप्त है।

धन और ऋण परस्पर सापेक्ष हैं, यानी धन है तो ऋण भी है और

ऋण है तो धन जरूर हुआ है। इस युग्म में एक-दूसरे के बिना सत्ता नहीं। धन और ऋण सत्ताओं की एक-क्षेत्रावगाही पारस्परिकता का ही नाम है कर्म। द्रव्य-दृष्टि से धन-सत्ता आत्मानुभूति के चैतन्य से तरंगायित है तो ऋण-सत्ता अनुभूति की जड़ता से आप्लावित है। दोनों की द्रव्यगत समानान्तर तरंगें व्यवहार गणित के धरातल पर एकमेव अन्योन्याश्रित अस्तित्व में लीलारत हैं। यही लीलारत अस्तित्व की गत्यात्मकता कर्मकृत व्यवहार की निर्देशिका है। यह चेतन और जड़ का घालमेल अनादि से सृष्टि के व्यापक संगीत के रूप में जारी है। संगीत की धुन-तरंगों का उत्पाद व्यय आरोह-अवरोह के साथ आलापित है, जिसमें शून्य की अजस्र गहराई का ध्रौव्य प्रतिध्वनित हो ताल देता है। यह शुद्ध-बुद्धि-तरंगों का संगीत वाचिक परम्परा के साथ ज्ञान-तत्त्व का प्रकाशक है जो चिन्तन और तर्क के आधारभूत नियमों से अनुशासित है, जबकि ध्रुव गहराई का अहसास दर्शन-तत्त्व की वचनातीत शून्यता का प्रतीक है। वचनातीत शून्यता कोरी रिक्तता नहीं, अपितु दायें-बायें की सापेक्षता-निरपेक्षता से मुक्त अस्तित्व की मध्यगामी निरपेक्षता की द्योतक है। वचनातीत शून्य से उत्पादित ज्ञान कैवल्य है और उसका आधारभूत अहसास केवलदर्शन। केवलदर्शन और केवलज्ञान अन्योन्याश्रित एक ही द्रव्य सत्य के दो पहलू हैं। यह सत्य परमार्थ सत् है जो शुद्ध निश्चय नय का विषय है।

परमार्थ सत् के रूप में आत्म-द्रव्य के मध्य-बिन्दु में स्थित होकर स्वसमय होता है और महाकाल और महासत्ता की विराटता का सीधा-सीधा साक्षी होकर अनिर्वचनीय सिद्धत्व का परम रूप लेता है। यहाँ पर स्वानुभूति की दायें और बायें पन्थ की चेतना निःशेष होकर शुद्ध सत्त्व बनती है और सत्त्व की अनन्तायामी शुद्ध गणित स्वसमय होकर व्यवहार-गणित के समीकरणों से पीठ फेर लेती है। इस बिन्दु पर परासत्ता का अखंड अद्वैत साम्राज्य स्थापित होता है, जिसका महा-वैभव, उसकी परात्पर महिमा, वचनगोचर नहीं है। यहाँ आकर अस्तित्व शुद्ध साक्षी-भाव-मय होकर काल और आकाश की अपेक्षा से भी अतीत केवल स्व के सदसदनिर्वचनीय ब्रह्म-भाव में लीन हो जाता है। यह शुद्धतम अस्तित्व की चरम अवस्था है, यहाँ आकर अस्तित्व का ज्ञतत्त्व निष्फल होकर अवाक् ठहर जाता है। वह विराट शून्य की चौखट में प्रवेश करने में असमर्थ होता है। तब वह पुनः पलटकर प्रश्न करता है किंवा अस्तित्व का शून्यायित होना उसकी आत्महत्या का प्रयास नहीं है?

क्या अस्तित्व की आत्महत्या ही उसका अन्तिम सत्य है? तो क्या जीवन के सभी विधि और निषेध सर्वथा रूप से मिथ्या और आत्मा के विकार मात्र हैं? क्या सब कुछ अविद्याजनित अध्यास है? क्या यही सच है कि कुछ भी सच नहीं है? सम्पूर्ण जीवन एक बड़े फरेब के अलावा और कुछ नहीं? क्या जीवन का सम्पूर्ण पुरुषार्थ, सारी साधना, प्राप्त हुई सारी सिद्धियाँ गुण-स्थान सब झूठ है? क्योंकि ऋण-चेतना से प्रमाणित व्यवहार-धर्म पौद्गलिक स्केल पर पर-समय सत्ता मात्र है जो हेय और त्याज्य है। दर्शन का यह चुनौती भरा विद्रोह अस्तित्ववादी जैन चिन्तन को पुनः यथार्थवाद के धरातल पर ला पटकता है।

अस्तित्ववादी जैन यथार्थवाद साफतौर पर प्रतिवाद करता है कि नहीं, अस्तित्व आत्महन्ता नहीं हो सकता, क्योंकि आत्महत्या के बाद पूर्ण नकार का प्रमाणीकरण भी आखिर कौन करेगा? अस्तित्व से परे यह कौन कहेगा— 'मैं हूँ क्योंकि मैं जानता हूँ कि मैं हूँ।' स्वसमय शून्यायित द्रव्य भले ही शुद्ध गाणतिक मेधा को सन्तुष्ट कर ले, परन्तु वह शुद्ध-बुद्धि के अस्तित्ववादी-व्यवहार गणित की माँग नहीं झुठला सकता। व्यवहार-गणित की माँग है द्वन्द्वात्मक धन और ऋण-सत्ताएँ, दायीं और बायीं पक्षधरताएँ, जिनके अन्तर्विरोधों की कहानी आकाश और काल के पटल पर चिरस्थायी है। आकाश और काल की युति पर धन-सत्ता का भाव-पक्ष (Positive role) और ऋण-सत्ता का निषेध-पक्ष (Negative role) मुख्य और/या गौण भूमिकाओं के साथ अस्तित्व के रसायन को प्रमाणित करते रहते हैं। भाव पक्ष के साथ अस्तित्व शुभाचार का प्रतिनिधि होता है तो निषेध-पक्ष के साथ वह अशुभ चारित्र का परिचायक होता है। शुभ और अशुभ के धरातल में मध्य-बिन्दु के पारिणामिक भाव की शुद्ध ऊर्जा अस्तित्व को जीवन्त रखती है।

अतः व्यावहारिक धरातल पर अस्तित्व कथंचित् शुभ है, कथंचित् अशुभ और कथंचित् शुद्ध भी। वह ऐकान्ततः सर्वथा रूप से न शुभ है, न अशुभ, न शुद्ध। वह हमेशा कथंचित् रूप से सब कुछ है। यह न्याय अस्तित्व के रसायन की माँग है। सारांशतः अस्तित्व स्वानुभूति का धनात्मक और ऋणात्मक सत्ता के आकाश, काल, द्रव्य, भाव के अनुबन्धों के साथ-साथ शून्य के अतिक्रान्त (Transcendental) भाव को संरक्षित रखता है। वह एक ही साथ नित्य-अनित्य, लौकिक-अलौकिक, सर्वसत्तात्मक-सर्वातीत,

मूर्त-अमूर्त, मिश्रित-अमिश्रित, गत्यात्मक-जड़, खंडित-अखंड, सूक्ष्मातिसूक्ष्म, स्थूलतम स्थूल है। वह ऐसा सदैव रहा है, सदैव रहेगा। वह ठोस अवयवी है और अपने छोटे से छोटे अवयव को अपने आगोश में संरक्षित रख यथार्थवाद का मानक प्रकट करता है।

अस्तित्ववादी यथार्थ का यह अनेकान्तवादी क्षितिज है, जिसमें दार्शनिक चिन्तन के सभी सम्भाव्य पक्षों का समाहार हो जाता है। यथार्थवादी चिन्तन के मूल में कुछ स्वयंसिद्ध पूर्वमान्यताओं को स्वीकार कर शुद्ध बुद्धि के क्षितिज को एक व्यापक सांव्यावहारिक गणित के विस्तार में गूँथा गया है। इस प्रकार शुद्ध चैतन्य के अचिन्त्य अगोचर अनिर्वचनीय महाशून्य की उफनती हुई ऊर्जा को व्यवहार-बुद्धि के धनात्मक और ऋणात्मक खाँचों में फैलाकर एक परात्पर संगीत का सृजन महाकाल की अविच्छिन्न समय-शृंखला के साथ हुआ है, जिसका न कोई आदि है, न कोई अन्त। व्यवहार बुद्धि के वे खाँचे हैं—द्रव्य-गुण- पर्याय आकाश के स्वयंसिद्ध क्षितिज में तथा उत्पाद-व्यय-ध्रौव्य स्वयंसिद्ध काल की अनुक्रमता में। अस्तित्व की अस्मिता आकाश-काल में आधारभूत इन्हीं छ: खाँचों में द्रव्य और ध्रौव्य वस्तुत: स्वानुभूति के बुद्ध्यातीत आयाम की ओर इंगित करते हैं जो शून्य की मध्यगामी दिशा की ओर जाती है। शेष खाँचे तथा गुण, पर्याय, उत्पाद और व्यय बुद्धि-प्रसूत आयाम में शून्य से उफनी हुई धनात्मक और ऋणात्मक ऊर्जा की अभिव्यक्ति करते हैं। कहने का तात्पर्य यह है कि शून्य के गुण सम्भाव्य ऊर्जा-प्रदेश के ध्रौव्य-द्रव्य की प्रकट अभिव्यक्ति बुद्धि-प्रसूत गुण-पर्याय के उत्पाद और व्यय में होती है और अस्तित्व सम्पूर्णत: बुद्ध्यातीत गहनतम गहराई से लेकर बुद्धिप्रसूत व्यक्त खुलेपन के विस्तृत कैनवास तक एक सुव्यवस्थित इकाई के नामरूप का द्योतक है।

भव-चक्र

सम्पूर्ण अस्तित्व अनादि से आकाश के प्रदेशों पर फैलता और सिकुड़ता हुआ भीतर से बाहर, फिर बाहर से भीतर एक क्षेत्रावगाही स्व पर ऊर्जा की भँवरें बनाकर अपने को मथ रहा है, मथे जा रहा है। इस तरह अस्तित्व का विवर्तन जारी है। प्रतिक्षण उद्वेलित गुणों की नयी पर्याय अप्रकट द्रव्य की रूप-सज्जा करती है। महाकाल का ध्रुव सत्य समय की कड़ियाँ जोड़ता हुआ, उत्पाद-व्यय रूप होता हुआ पर्यायों के साथ गलबहियाँ डाले नाचने

में मस्त है। वह सुख-दुःख के हास-रुदन में भूला हुआ महासत्ता के समुद्र में ऊपर-नीचे, बाहर-भीतर, आगे-पीछे दसों दिशाओं में डूबता-उबरता हँफिया रहा है। आकाश का एक भी प्रदेश ऐसा नहीं छूटा है जहाँ वह कई-कई बार नाच नहीं चुका है। पुद्‌गल-परावर्तन, भाव-परावर्तन, भव-परावर्तन, द्रव्य-परावर्तन जैसे विराटकाय काल-खंडों की अनन्त-शृंखला झेली जा चुकी है और इस झेलने की त्रासदी का कोई अन्त नहीं। सारे स्वर्ग-नरक की भूमियाँ खँगाली जा चुकी हैं। हर तरह के जीवन-चक्र भोगे जा चुके हैं। हर तरह के सुख और वेदनाओं का मीठा कडुवा स्वाद चखा जा चुका है और विवर्तन निरन्तर चालू है। यह विवर्तन अविराम भव-चक्र है, संसार-की व्यथा-शृंखला है और अस्तित्व इसे झेलने के लिए अभिशप्त है।

दुःख और त्रास का अनवरत नैरन्तर्य वर्तमान जीवन की एक कड़वी सच्चाई है। जीवन त्रास-मय है। हमें यह पड़ताल करने की भी फुर्सत नहीं कि हम त्रस्त क्यों हैं। त्रास की एक कड़ी निपटती है कि दूसरी आ घेरती है। अस्तित्व धन और ऋण सत्ताओं का अखाड़ा बना हुआ है। वह निरन्तर तनावग्रस्त है। धन-सत्ता शुभ की प्रतीक है तो ऋण-सत्ता अशुभ की। शुभ और अशुभ की कुश्ती लगातार चल रही है। इसी द्वन्द्व में शून्यवादी मध्यवर्ती तटस्थ-लोक की दर्शन-ज्ञानचेतना का प्रकाश भी चमक जाता है। धन-चेतना ज्ञाताद्रष्टा होकर अचेतन पुद्‌गल-परमाणुओं की धूल गिन उठती है और गिनते-गिनते इतनी पुद्‌गलमय हो गयी है कि उसे अपना स्वरूप भी याद नहीं रहा। वह इन पुद्‌गलों की ऋणात्मक तरंगों को ओढ़कर अपना रूप पुकार रही है। फिर इन स्थूल तरंगों के हलन-चलन, उठने-गिरने, डूबने-उछलने को अपना कह त्रास का आस्रव कर रही है जिसका धनात्मक पक्ष भावास्रव और ऋणात्मक पक्ष भूतास्रव या द्रव्यास्रव होता है। इस प्रकार अस्तित्व के क्षेत्र में प्रति समय आस्रव हो रहा है। अस्तित्व ने तटस्थ पारिणामिक क्षेत्र की चैतन्य-ऊर्जा की तरंगायित अस्तिकाय के तीन द्वार इस आस्रवित धूल को समेटने के लिए खोल रखे हैं। वह द्वार हैं शरीर, वाणी और मन, जो अस्तित्व-निर्माण के विकास-क्रम में पर्याप्त रूप से बन चुके थे। इस प्रकार त्रास का आस्रव निरन्तर चल रहा है।

आस्रव के उपर्युक्त तीन द्वारों पर धनात्मक चेतना की तरंगें समष्टि में व्यक्त होना चाहती हैं तो ऋणात्मक परिवेश के जड़ पुद्‌गलाणु चेतन व्यष्टि के अन्तःक्षेत्र में घुसपैठ करना चाहते हैं। अतः द्वारों पर अफरा-तफरी

का माहौल है और वहीं पर अस्तित्व की मिश्रित या वर्णसंकर संस्कृति का तनाव सर्वाधिक है। इस वर्णसंकर संस्कृति में जड़ और चेतन की उठापटक निरन्तर क्रियाशील है और उसमें अस्तित्व का मनोदैहिक रसायन विकसित हुआ है। दोनों संघर्षरत पक्षों ने अपनी-अपनी रणनीति के तहत सुरक्षा तकनीक के ठिकाने जमाये हुए हैं और यथासम्भव यथाशक्ति किलेबन्दी कर ली है। दोनों तरफ से आस्रवित सामग्री के साथ गठबन्धन एवं ग्रन्थिबन्धन हुआ है और हो रहा है और अस्तित्व में शक्ति सन्तुलन का खेल चल रहा है। ठंडे और गरम युद्धों की आग सुलगती रहती है। युद्धों में उतार- चढ़ाव आते रहते हैं। भावात्मक अथवा धन-ऊर्जा-तरंगें इन्हीं तीन द्वारों से सद्भावों के सन्देश बाहर लाती हैं और साता समता की स्थिति बनाना चाहती हैं, परन्तु पुरानी ग्रन्थियों के पहरेदार जाकर अपने मालिकों को जगाकर उनका कोप अथवा कृपा की तरंगें उनके सामने पेश कर देते हैं। तदनुसार ही अस्तित्व का कार्य-व्यापार चलता है।

मिश्रित संस्कृति का इतिहास बहुत पुराना है, इतना पुराना कि कोई यथाकथित सर्वज्ञ तक उसकी पहली तारीख नहीं बता सकता, जब यह सृष्टि शुरू हुई। बस, यही कहा और जाना जा सकता है कि यह जड़ और चेतन की उठा-पटक अनादि काल से चली आ रही है। दु:ख और त्रास का इतिहास स्वत: कड़ी-दर-कड़ी रचा चला जा रहा है। पुद्गलाणुओं के झोंके अस्तित्व के दरवाजों पर दस्तक देते हैं। भीतर की ओर उद्वेलन होता है। पूर्व में बँधी हुई ग्रन्थियों के बन्ध ढीले पड़ते हैं। वे खुलने के लिए विक्षुब्ध होती हैं। विक्षुब्ध तरंगें पैदा होती हैं। तूफान उदय में आता है। विक्षोभ की भँवरें पूरे अस्तित्व को कसने लगती हैं। वे भँवरें दस्तक मारती नयी आस्रवित पुद्गल-धूलि का स्वागत करने बाहर दौड़ पड़ती हैं। नयी धूलि भीतर घुस पड़ती है। पुरानी ग्रन्थियाँ शोर मचाती बाहर निकल जाती हैं और अस्तित्व की काया में क्रोध-मान-माया-लोभ का कदाचार प्रकट कर देती हैं। जीवन की त्रासदी का शोरभरा व्यवहार मुखर हो जाता है। नयी धूलि जल्दी-जल्दी विक्षुब्ध भँवरों के खाँचों में ठहरने लगती है। नया ग्रन्थिबन्धन पुराने का स्थान लेने लगता है। पुराने संस्कारों की नयी बस्ती तैयार हो जाती है। अस्तित्व का सम्पूर्ण रूप-परिवर्तन हो जाता है और नयी कार्यशैली, नयी शासन-व्यवस्था, नयी तरह की जकड़बन्दी पैदा होकर त्रास की नयी संस्कृति जन्म लेती है। त्रास का पुनर्जन्म हो चुकता है।

ध्यातव्य है, अचेतन पुद्गलों के आस्रव का हमला आसानी से मार्ग नहीं पाता। अस्तित्व की धनात्मक चेतन सत्ता उसके मुकाबले पर आ जाती है। धन-सत्ता अथवा आत्मा की जिजीविषा तरंगायित होकर मन-वाणी-काया के द्वारों पर आ डटती है तथा विवेक का परचम ऊँचा कर आस्रवित धूलि के सामने एक स्क्रीन खड़ी कर देती है। सेंसर अड़ा दिया जाता है। इस प्रकार शोधित होकर जो आस्रव होता है वह पुण्यास्रव होता है और जो अनियन्त्रित लस्तमपस्तम आस्रव होता है वह अधिकांशत: पापास्रव ही कहलाता है। एवं पुण्यास्रव शुभ का, और पापास्रव अशुभ परिणामों का कारक होता है। वैसे आस्रव सम्पूर्णत:-जीवास्तिकाय को कैदी बनाने का उपक्रम है। अस्तित्व शुभ और अशुभ के कैदखाने में बन्द रहने के लिए अभिशप्त है। जैन शब्दावली में यह कैदखाना और उसकी जकड़बन्द व्यवस्था कर्मकृत है। कर्म का बाह्य कलेवर जड़ पौद्गलिक है और उसका आन्तरिक आधार चेतन-भाव-मय है। मन, वाणी और काया के आस्रव-द्वारों पर एक तरफ चेतन ज्ञाता द्रष्टा सेंसर सजग है तो दूसरी ओर जड़ अचेतन द्रव्य का रेला है और पूरा आस्रव-रेला जड़ चेतन की मिश्रित संस्कृति का मेला है।

यह मेला आकाश-काल-द्रव्यों के सहारे अपना इतिहास रचता है। इतिहास में ग्रन्थिबन्धन होता है। ग्रन्थियों की दुकानें सजती हैं। उन दुकानों में आस्रवित आयातित सामग्री का इस्तेमाल होता है। भोग की नयी-नयी वस्तुओं और चित्र-विचित्र रूपों की सजावट होती है। दर्शक जीवों को लुभाया जाता है, मोहित किया जाता है। उन्हें आत्ममूढ़ बनाने के आलम्बन जुटाये जाते हैं, ताकि उन आत्ममूढ़ आत्मविस्मृत ग्राहक-जीवों का सर्वस्व ठगा जा सके और उन्हें त्रास के गहरे कूप में धकेला जा सके। मेले में प्रत्येक जीव क्रेता है और विक्रेता भी, प्रत्येक उत्पादक है और भोक्ता भी। इस प्रकार प्रत्येक जीव अपने ढंग से एक-दूसरे को ठग रहा है। सारा मेला ठगों और दगाबाजों का विराट संगम है, जिसमें दु:ख और त्रास का ही आदान-प्रदान होता है। रोज प्रतिक्षण कर्म-ग्रन्थियों का निर्माण होता है। उन्हें चित्त की फैक्टरी में उत्पादित कर गहरी अनजान गोदामों में सुरक्षित कर दिया जाता है, ताकि उन्हें लाभ के लिए सुरक्षित भंडारों से सही समय पर निकालकर बेचा जा सके। कर्म-ग्रन्थियों का यह उदयीकरण है। कर्मोदय से ही भोगोपभोग का बाजार गर्म होता है, चहल-पहल बढ़ती है और दु:ख, त्रास को रंगबिरंगे रैपरों में लपेटकर बाजारू प्रचार-तकनीक के सहारे जहर

को ग्राहकों के गले उतारा जाता है। सारा संसार अनादि काल से ऐसे ही दु:ख और त्रास के व्यापार में डूबा हुआ है। यह उसका सामान्य फीचर है।

ग्रन्थि-निर्माण में चेतन और पुद्गल दोनों का इस्तेमाल होता है। जीवात्मा चेतन है। उसके द्रव्यगत उन सभी मौलिक गुणों का अपहरण होता है, जैसे—ज्ञान, दर्शन, सुख, वीर्य, सम्यक्त्व, सूक्ष्मत्व, अगुरुलघुत्व, अव्याबाधत्व। इन गुणों का कम-अधिक अपहरण होने के साथ पुद्गलद्रव्य का भी इस्तेमाल होता है। ग्रन्थि-निर्माण के निमित्त से ही परमाणुओं का स्कन्धीकरण और उनका रसायनीकरण होता है। कर्म-ग्रन्थि-निर्माण में जैविक गुणों को फँसाने के अनुरूप ही परमाणुओं का स्कन्धीकरण और रासायनिक रूपान्तरण होता है और आठ प्रकार की कर्म-ग्रन्थियाँ अस्तित्व में आती हैं। कर्म-ग्रन्थियों की सूची इस प्रकार है—

कर्म-ग्रन्थि	*अपहृत गुण*
1. ज्ञानावरणीय	ज्ञान
2. दर्शनावरणीय	दर्शन
3. अन्तराय	वीर्य
4. मोहनीय	सम्यक्त्व तथा सुख
5. नाम या शरीर-रचना	सूक्ष्मत्व
6. आयु	अवगाहना
7. गोत्र	अगुरुलघुत्व
8. वेदनीय	अव्याबाधत्व

कर्म-ग्रन्थियाँ जीव और पुद्गल दोनों को ही कैद करती हैं। जीव और पुद्गल व्यावहारिक गणित और न्याय के अनुसार स्वतन्त्र द्रव्य हैं। कर्म जीव और पुद्गल के एकक्षेत्रावगाही मिश्रण की वर्णसंकर सन्तान हैं। कर्म का कोई स्वतन्त्र वजूद नहीं है। वह पूरी तरह परजीवी प्रजाति है। यदि जीव और पुद्गल अपने शुद्ध रूप से स्वाश्रित हो जाएँ, तो कर्म उसी क्षण नि:शेष हो जाए। वह जीव और पुद्गल के सत्तात्मक गड़बड़झाले का फायदा उठाकर अपना अस्तित्व बनाये रखता है। यूँ कहिए, अस्तित्व की पूरी कहानी कर्म की मायावी कहानी है। यह तब तक जीवित है, जब तक दो स्वतन्त्र द्रव्यों का गड़बड़झाला जीवित है और चूँकि गड़बड़झाला नित्य काल तक जीवित रहेगा, कर्म की मायावी कहानी भी नित्यजीवी रहेगी। व्यावहारिक

रूप से कर्म की गड़बड़ ही संसार की कहानी है। और चूँकि गड़बड़ परिदृश्य कभी स्थायी सुख का वाहक नहीं हो सकता, क्योंकि वह स्वतन्त्र द्रव्य-सत्ताओं की खींचतान में जीता है, इसलिए वह त्रास की सिलसिलेवार धारावाहिक कहानी का प्रसारण है। इसलिए संसार एक स्थायी ट्रेजडी है।

इस ट्रेजडी या त्रासक व्यवस्था में हर कोई बँधा है, हर कोई परवश है, हर कोई रो रहा है, कोई जोर से, कोई सुबकता हुआ, कोई खिलखिलाता रोने का इन्तजार करता हुआ, कोई गुमगुम अपनी सारी इन्द्रियों को मसोसता और घोंटता हुआ। सारा संसार एक भीषण आतंक के साये में जीने को अभिशप्त है। हर कोई पैदा हुआ या हो रहा है मरने के आतंक के साथ। हर कोई इन्तजार में है मरने के। मरना जीवन का अटल सत्य है। हर कर्म-ग्रन्थि एक जहरीला क्षण बाँधकर अनुकूल मौसम का इन्तजार करती है। मस्ती-भरे असंयम में वह त्रास की सन्तानें जनती है। त्रासद सन्तानें जनकर वह टपक जाती है। आयु पूरी कर अपनी वैलेंसशीट पर लाइन खींचकर रोकड़ बाकी (प्लस-माइनस) अगले पन्ने पर ले जाती है। आतंकदर्शी कोई कभी केवली जिन अवतरित होकर देखता है—

1. सब कुछ अनित्य है। क्षण-क्षण बदल रहा है। मौत अवश्यम्भावी है।
2. सारे जीव अशरण हैं। कोई किसी का त्राणदाता नहीं है।
3. संसार में दुःख है। यह बाह्य सुख भी दुःख की ही पर्याय है।
4. संसार का प्रत्येक जीव विलक्षण है। प्रत्येक का दुःख-सुख उसका अपना है। कोई साझीदार नहीं है।
5. हर कोई अकेला है और अकेला ही दुःखों को भोगता है।
6. संसार की प्रत्येक पर्याय बीभत्स है, अशुचि और असुन्दर है। भोग-दृष्टि से देखी गयी कोई चीज सुन्दर नहीं होती, वह मृग-मरीचिका सिद्ध होती है।

उपर्युक्त छः भावनाएँ त्रासद जीवन के यथार्थ को देखने और महसूसने के परिदृश्य हैं। ये त्रास के यथार्थ मूल्यांकन के बिन्दु हैं।

त्रास-मुक्ति का चिन्तन

अब सीधा-सा प्रश्न है, त्रास क्यों है? यह त्रासद कहानी चल क्यों रही है? यह किसी को पसन्द नहीं, कोई त्रास की जिन्दगी जीना नहीं चाहता। फिर भी दुःखान्त नाटक अधिक लोकप्रिय होते हैं, क्यों? सनसीनखेज रोती-पीटती खबरें अधिक क्यों बिकती हैं? प्रत्येक व्यक्ति दूसरों का दुःख चटखारे लेकर क्यों सुनता है? त्रास या दुःखों के बिना व्यावहारिक जिन्दगी सूनी-सूनी-सी क्यों लगती है? इसका उत्तर आसान है—त्रास की अवस्था में जीवन सक्रिय अधिक होता है। उसमें ऊर्जा का अधिक जुड़ाव होता है, जिन्दगी की जिजीविषा निखरी हुई महसूस होती है। किन्तु उसका दूसरा भी पहलू है। त्रास की अवस्था में ऊर्जा का ह्रास अधिक होता है। खर्च बढ़ जाता है, आमदनी कम रह जाती है। जिन्दगी मौत के समीप पहुँच जाती है। आतंक बढ़ जाता है। और तब कोई खलनायक आकर सहसा ही नाटक का सारा सेट तहस-नहस कर देता है। जीव हताश होकर बैठ जाते हैं और नयी कहानी का सूत्रपात सोचने लगते हैं। नयी पटकथाएँ बनने लगती हैं। नये नायक गढ़े जाने लगते हैं और फिर नया रंगमंच, नयी सज्जा, नये सेट खड़े हो जाते है। नायक शुभ नेतृत्व देकर पटकथा की शुभ और सुखद कड़ियाँ आगे बढ़ाता है, परन्तु अकस्मात् खलनायक फिर घुस पड़ता है, और ट्रेजडी का इतिहास फिर दुहरने लगता है। यही क्रम अनादि से चल रहा है और चलता चला जा रहा है। इसलिए ट्रेजडी से मुक्ति के प्रश्न भी सनातन रूप से उठते रहते हैं और समय-समय पर तीर्थंकरों और बुद्धों के अवतरित होने का क्रम भी चलता रहता है। मुक्ति का चिन्तन भी सनातन क्रम से चलता रहा है।

मुक्ति के चिन्तन का पहला पड़ाव अस्तित्व के धनात्मक केन्द्र में स्थित है। चिन्तन का पहला कदम चिन्तक को मुक्त करने का है। चिन्तक ही पहले मुक्त चिन्तक बने। वह किसी पूर्वाग्रह से ग्रस्त न होकर यथार्थ सत् के धरातल पर खड़ा होकर सोचे। यथार्थ सत् में कुछ भी अकस्मात् नहीं होता, चमत्कार नहीं घटता। हर एक होने की कड़ियाँ अतीत से जुड़ी होती हैं। प्रत्येक घटना कारणपूर्वक होती है। कारणता प्रकृति का अटल नियम है। अतः त्रास या दुःख है, तो उसका कारण जरूर होगा। कारण है तभी दुःख है। अब कारण क्या है, इसकी यथार्थ पड़ताल करनी है। सारे कारणों का सरताज कारण है अज्ञान। अज्ञान को मोटे तौर पर दो कोटियों में रख सकते हैं—

1. आत्मनिष्ठ (Subjective) अज्ञान
2. वस्तुनिष्ठ (Objective) अज्ञान

आत्मनिष्ठ अज्ञान

अनादि कालीन कर्म के प्रभाव से आत्मा के मूल गुण दर्शन, ज्ञान पर पर्दा पड़ा है और वे केवल आंशिक रूप से ही खुले हैं। इस तरह अस्तित्व की दर्शनज्ञान-चेतना अधूरी उपयोगमय है। उसका एक और महत्त्वपूर्ण गुण सम्यक्त्व अथवा सम्यक् दृष्टि और तत्त्व-श्रद्धान विकृत है। वह सही मार्ग से भटका हुआ है। वह मिथ्यादृष्टि है। अधूरा ज्ञाता द्रष्टा होने से वह सत्य के पूरे परिदृश्य को देख-समझ पाने में असमर्थ है। सम्यक्त्व के विकृत होने से वह सही तत्त्व-श्रद्धान से वंचित है। इसके कारण सही तत्त्वदर्शी सद्-गुरुओं और सद्धर्म पर वह आस्था नहीं कर पाता है। वह निरन्तर भटका हुआ महसूसता है।

वह सम्यक् दृष्टि के अभाव में मिथ्या दृष्टि है। उसकी धनात्मक अन्तश्चेतना की पैठ उखड़ी हुई है। उसे भीतर ही भीतर महसूस होता है कि उसका स्व किसी अन्य के हवाले है। उसका अपहरण हो चुका है। उसका अस्तित्व आत्म-निर्वासन की स्थिति में पहुँच गया है। उसका स्वतत्त्व उससे छिन गया है। वह लुट चुका है। ऐसी हालत में वह भड़भड़ा कर अपनी चेतना के ऋणत्व की ओर भागता है। वह ऋणात्मक चेतना के अचेतन अन्य को खँगालने लगता है। वह स्वसमय की महिमा से वंचित होकर परसमय हो जाता है। वह कर्म की भूलभुलैयों में भटकने लगता है।

वह सम्यक् श्रद्धान से दूर, सही आप्त-पुरुषों की बात सुनना या पढ़ना पसन्द नहीं करता। अत: वह अज्ञान की विभीषिका का शिकार बनने के लिए अभिशप्त है।

एक कहावत है—करेला और नीम चढ़ा, मतलब, करेला खुद एक कसैला खाद्य पदार्थ है, ऊपर से यदि वह (कड़वे) नीम पर चढ़ जाए तो उसके कसैलेपन को क्या कहने। उसी प्रकार ज्ञानावरणीय और दर्शनावरणीय कर्मों के प्रभाव से जीव का अधूरा कटा-फटा ज्ञान दर्शनगुण कौन कम समस्याकारक था कि ऊपर से मोहनीय कर्म के जहरीले प्रभाव से वह मिथ्या दृष्टि और प्रमत्तावेश का शिकार और हो गया। इन कर्मों के प्रभाव से ही मूलत: जीव की नियति का निर्धारण होता है। ज्ञान-दर्शन का अधूरापन ऐसी कोई बड़ी समस्या नहीं थी, किन्तु उसे समस्या बनाया मोहनीय के जहरीले कुसंग ने। उसका जहरीला कुसंग मिथ्यात्व का जनक है। मिथ्यात्व का ही संग लेकर ज्ञान के पहले तीन पायदान कुमति, कुश्रुत और कुअवधि हो गये हैं। मिथ्यात्व के ही कुसंग से चक्षु, अचक्षु और अविध-दर्शन मिथ्या और प्रदूषित हो गये और जीव का ज्ञाता-द्रष्टा स्वभाव कर्म की ट्रेजेडी की बलि चढ़ गया है। जीव का अस्तित्व भव-भव के लिए दु:खान्त नाटकों का अभिनेता बनने को अदृश्यत: अनुबन्धित हो गया है। अब, प्रश्न है, आखिर अस्तित्व के लिए मोहनीय कर्म का प्रभाव इतना जहरीला साबित क्यों हुआ? इसका एक छोटा-सा उत्तर है—अस्तित्व का आत्म-निर्वासन। आत्मनिर्वासन की स्थिति अस्तित्व ने खुद ओढ़ी। दूसरा कोई उसके लिए जिम्मेदार नहीं है। उसने बुद्धिमान बनकर अपनी जमी-जमायी जड़ें बुद्ध्यातीत शून्य के मध्यमार्गीय विराट स्वत्व से उखाड़ फेंकीं और खुद को दायें-बायें के बुद्धिप्रसूत विरोधाभासों में फँसा लिया। उसका मौलिक आत्मविश्वास नदारद हो गया और अपनी जड़ों से उखड़ा-उखड़ा अपने ही वतन में बेगाना हो गया, निर्वासित हो गया। वह आत्मरोगी हो गया, जिससे ही आगे चलकर मनोरोग, स्नायुरोग तथा अन्य अनेक प्रकार के रोगों का प्रादुर्भाव हुआ।

उपर्युक्त तीन घातिया कर्मों की आत्मघाती भूमिका के अलावा शेष पाँच कर्मों की भूमिका घातिया कर्मों की सहायक की हैं। वे त्रास की स्थिति पैदा होने में अनुकूल उपबन्धों का सृजन करते हैं। सारत: अज्ञान की आत्मनिष्ठ भूमिका में आठ कर्मों का योगदान केवल तभी है जबकि स्वानुभूति-परक आत्म-द्रव्य सम्यक्त्व की स्वाभाविक परिणति से वंचित हो जाता है। अब

कोई शंका करे, वह क्यों हो जाता है? इसके जवाब में सिर्फ यही कहा जा सकता है कि यह वस्तुस्वभाव है जो अनादि से ऐसा ही हो रहा है। यह नियति का खेल है। यहाँ नियति के खेल पर भी थोड़ा प्रकाश डाला जाए।

नियति का खेल तथा वस्तुनिष्ठ अज्ञान

वर्तमान जीवन हमारे सामने है। उसे हम प्रतिक्षण भोग रहे हैं। यह हमारा भोगा हुआ यथार्थ है। इस भोगे जा रहे यथार्थ का जब हम वास्तविक वस्तुनिष्ठ चिन्तन करते हैं, तो पाते हैं, कि आकाश-काल के जोड़-बिन्दु पर हमारा मनोदैहिक अस्तित्व अचानक जन्म पा गया। जन्म लिये अस्तित्व को यहाँ कतई नहीं मालूम कि जन्म लेने से पूर्व वह कहाँ किस रूप में था और क्या कर रहा था। उसी तरह उसे कतई नहीं मालूम कि अनुभूतिपूर्ण जीवन-क्रम के टूटने या मौत होने के बाद वह कहाँ क्या होगा। सच पूछो, यह जीवन किसी अँधेरी सुरंग से निकला और पुनः किसी गहरे अन्धकार में विलीन हो जाएगा। उस अन्धकार पर तो हमारा कोई वश नहीं, क्योंकि उसका हमें ज्ञान ही नहीं। और जिसे हम जीवन का प्रकाश कहते हैं, जन्म से मृत्यु-पर्यन्त उस पर भी हमारा कितना वश है, इसे हम देखते हैं। हम शरीर और मन के साथ जनम जाते हैं किसी अनजानी कोख से और शैशव, जवानी, बुढ़ापे की मंजिलों को नापते हुए मौत के सामने आ जाते हैं। हमें कुछ नहीं मालूम, यह सब क्यों और कब तक? यह है प्रत्येक जीव का सत्तात्मक अज्ञान। उसके अस्तित्व की सत्ता का आगा-पीछा हम बिलकुल नहीं जानते। अस्तित्व की प्रत्येक पर्याय या रूप सहसा सामने आ जाता है और हमें सुख-दुःख की संवेदना का अहसास देने लगता है, हमें विक्षुब्ध कर देता है। अस्तित्व बिलबिला कर करवटें बदलता है। हम असहाय-से कह देते हैं कि यही नियति है या ईश्वर- अल्लाह की मर्जी है। ऐसी मर्जी ईश्वर की क्यों है, हम नहीं जानते।

फिर हम वैज्ञानिक अहंकार से कह देते हैं कि संसार में कुछ भी रहस्य या चमत्कार नहीं होता, सब कुछ कारणपूर्वक होता है। कारण वस्तुनिष्ठ होता है जिसे हम पहचान कर सत्यापित कर सकते हैं। कारण की परिभाषा करते हुए हमारी बुद्धि घोषित करती है, कारण घटने वाले कार्य के पहले नित्य अविनाभावी यथार्थ घटना होती है जो बाद वाली घटना के साथ

कारणता सम्बन्ध से जुड़ी होती है। यहाँ सीधा-सा प्रश्न है कि यथाकथित कारण-कार्य के मध्य वह क्या आन्तरिक बाध्यता है कि किसी पूर्ववर्ती घटना से उत्तरवर्ती निश्चित घटना होगी। सूरज निकलेगा तो प्रकाश निश्चित रूप से फैलेगा। क्यों? प्रकाश ही क्यों फैलेगा, अन्धकार क्यों नहीं? आप कहेंगे, ऐसे ही नित्य रूप से होता आया है बिना किसी अपवाद के, इसलिए आगे भी होगा। परन्तु आगे की क्या गारंटी? उत्तर है, विश्वास, अब तक ऐसा ही होता हुआ आया है, इसलिए आगे भी होता रहेगा, ईश्वर की मर्जी है यह। यह हमारा वस्तुनिष्ठ अज्ञान है जो हमें ईश्वरत्व की वेदी से प्रसाद-स्वरूप मिला। यह अज्ञान हमारी नियति है।

अब, जब कारणता की बात आयी, तो हमारी व्याख्याकारी बुद्धि कह पड़ी कि कारणता एक प्रक्रिया है जो कारण से कार्य की ओर चलती है। कैसे चलती है, किस गाड़ी पर चलती है? हमें दिखाई नहीं पड़ती। हमें तो दिखाई पड़ती हैं दो घटनाएँ, एक पूर्ववर्ती, दूसरी उत्तरवर्ती, बस। इनके बीच चलता हुआ कारण-सम्बन्ध कहाँ है? बाहर तो कहीं नहीं। तो यह घटनाओं के मध्य जमा हुआ हमारा प्रक्रिया-सम्बन्धी अज्ञान है जो विज्ञान के वस्तुनिष्ठ जगत् में विश्वास के सहारे चल रहा है। विश्वास है किसी गुह्य, द्रव्य-सत्ता का, जो छिपा-छिपा चुपके-चुपके पर्यायों के नीचे अपने होने का डंका बजाता है। प्रक्रिया में उत्पाद और व्यय अनुभव में आते हैं। उत्पाद कब व्यय में बदल जाता है, हम जान नहीं पाते। बस, विश्वास है कि उत्पाद व्यय की अविच्छिन्न शृंखला है जो अनुक्रमता से अनजाने, अनचीन्हे द्रव्य के ध्रौव्य में संरक्षित रहती है। यह वस्तुमात्र की नियति है। यह है वस्तुसत्य का वस्तुनिष्ठ अज्ञान।

कारण और कारणता के बाद बारी आती है कार्य की। कार्य यानी कारणता का परिणाम। कारण और कार्य परस्पर सापेक्ष तर्क-पद हैं। इसका तात्पर्य है कि दो स्वतन्त्र घटनाएँ हैं जिन्हें हम तर्क की भाषा में प्रदत्त (Facts) कहेंगे। जब वे स्वतन्त्र प्रदत्त परस्पर अपेक्षा से जुड़ जाते हैं तब उन्हें हम कारण-कार्य पुकारने लगते हैं। ऐसी स्थिति में कारण-कार्य के मध्य प्रक्रियात्मक सम्बन्ध स्थापित होता है जिसे कारणता कहा जाता है। कारणता हमारी तार्किक प्रज्ञा की उपज है। हमारी प्रज्ञा कारणता के द्वारा दो स्वनिष्ठ प्रदत्तों को जोड़कर एक तार्किक इकाई की रचना करती है, जिसे हम तर्क की भाषा में तर्क वाक्य (Proposition) कहते हैं। इन तर्कवाक्यों

की ईंटों को जोड़कर ही हम व्यवस्थित एवं तर्क-संगत चिन्तन का महल खड़ा करते हैं जिसमें चिन्तन का बादशाह विवेक या प्रज्ञात्मा का निवास है। प्रज्ञात्मा के अधिवास से ही अस्तित्व चिन्तनशील इकाई हो जाता है, जो वस्तु-जगत् के प्रदत्तों का प्रहस्तन करता हुआ ज्ञान का आलीशान मनमोहक संसार रचता है। गौर से देखने की बात है कि इस चिन्तनात्मक संसार की नींव किस सामग्री से बनी है ? मूल समाग्री है कारणता के सीमेंट से चिपकाई गयी प्रदत्तों की ईंटें। इस सामग्री में केवल बिखरी हुई ईंटें ही वस्तुनिष्ठ सामग्री है, जिसका सीमेंट केवल वस्तुनिष्ठता का आभास लिये हवाई मामला है। प्राज्ञ वैज्ञानिक अपने विज्ञान की तार्किक रचना को वस्तुनिष्ठ सिद्ध करने के लिए कितना ही बौद्धिक व्यायाम करे, किन्तु प्रदत्तों की सच्चाई में से झाँकती हुई प्रज्ञात्मक विश्वास की असलियत वह छिपा नहीं सकता। प्रत्येक बौद्धिक रचना में छिपा हुआ वस्तुनिष्ठ अज्ञान उसकी नियति है। इस प्रकार प्रत्येक वस्तुनिष्ठ प्रदत्त का एक सिरा गहरे में सिर छिपाये आत्मनिष्ठ विश्वास से जुड़ा मिलता है।

बहरहाल, इस सम्पूर्ण विश्लेषण से यह साफ हुआ, कि अस्तित्व का प्रत्येक कोना किसी न किसी ओर से दबा हुआ है, कटा-फटा है। वह भयंकर रूप से अधूरेपन का शिकार है। और यही उसकी नियति है। प्रत्येक जीवन अधूरे कटे-फटे अस्तित्व के साथ जी रहा है। आत्मनिष्ठ कारणों के रूप में आठ प्रकार की कर्मग्रन्थियाँ जिम्मेदार हैं तो वस्तुनिष्ठ कारणों में प्रदत्तों के अधूरे प्रेक्षण की सीमाएँ उल्लेखनीय हैं। सारे जीव परस्पर उपकार करते हुए एक परिपूर्ण अस्तित्व विकसित करने की कोशिश में रत हैं। यह कोशिश छोटी से छोटी इकाई से लेकर विराट वैश्विक इकाई तक चल रही है, परन्तु त्रास का अफसाना पूर्ववत् बृहत् से बृहत्तर आयामों में प्रक्षेपित हो रहा है। जैन चिन्तक ट्रेजेडी के मूल पर उँगली रखता है और त्रास-मुक्ति की सम्भावनाओं पर विचार करता है।

त्रास-मुक्ति की सम्भावना

सम्यक्त्व और मिथ्यात्व (Good and Bad Faith)

त्रास–मुक्ति की सम्भावना त्रास के मूल कारण अज्ञान की अन्धरचना में ही खोजी जा सकती है। हमने देखा कि अज्ञान का आत्मनिष्ठ कारण–संसार अष्टकर्मों की ग्रन्थियों की पकड़ से लाचार है। कर्मों का आस्रव और बन्ध केवली भगवान द्वारा ही सीधा प्रेक्षणीय है। केवलज्ञानी से इतर सामान्य जीवों के लिए वह केवल विश्वास की चीज है। हमारी तर्कबुद्धि कर्मों के वजूद का सत्यापन मात्र अप्रत्यक्ष रूप से कर सकती है। मान लो किसी के शरीर में कहीं शूल उठा। शूल का मूल कारण स्पष्ट नहीं है तो वैद्य प्राक्कल्पना करता है कि मरीज ने कोई अखाद्य पदार्थ खाया है। फिर वह इस प्राक्कल्पना की पुष्टि के लिए कुछ परीक्षण तथा परिस्थिति निरीक्षण करता है। इस प्रकार अप्रत्यक्ष रूप से उक्त वैद्य अपनी प्राक्कल्पना की पुष्टि कर लेता है और स्वास्थ्य–सम्बन्धी सामान्य सिद्धान्त को विश्वसनीय घोषित कर देता है। इसी प्रकार कर्मसिद्धान्त को अप्रत्यक्ष सत्यापन विधि से प्रमाणित करते हैं। ऐसा सत्यापन और प्रमाणीकरण तत्त्व–चिन्ता के द्वारा किया जाता है जो तर्क–बुद्धि की न्याय–प्रणाली से अनुशासित है। न्याय–प्रणाली से पुष्टीकृत या पुष्टियोग्य कोई निर्णय ही प्रमाण कोटि में आता है। ऐसा निर्णय स्वीकारना और उस पर विश्वास करना प्रामाणिक विश्वास (Good faith) होता है। अब प्रमाण कई प्रकार का होता है, यथा—प्रत्यक्ष, अनुमान, आप्तशब्द, उपमान, अर्थापत्ति आदि। इन प्रमाणों के आधार पर, विशेषतौर पर विश्वसनीय आप्तस्रोत द्वारा प्रज्ञापित और समर्थित विश्वास जैन शब्दावली में सम्यक्त्व या सम्यक् श्रद्धान कहा जाता है। सम्यक् श्रद्धान आप्त पुरुषों द्वारा प्रमाणित और तत्त्व–चिन्तन के वस्तुनिष्ठ अप्रत्यक्ष तथा प्रत्यक्ष सत्यापन–विधि की प्रक्रिया का प्रतिफल होता है। इस प्रक्रिया से अज्ञान की अन्ध–रचना में

बने या छूटे हुए छिद्रों को भरा जा सकता है। तब वह रचना अन्ध न रहकर प्रबुद्ध रचना की कोटि में आ जाती है।

प्रमा ज्ञान प्राप्त करने के लिए जैन न्याय में तीर्थंकर के आप्त प्रमाण का बड़ा महत्त्व है, क्योंकि सामान्य जन का ज्ञान-दर्शन अधूरा होता है, जिसके कारण उसके ज्ञान-दर्शन में छिद्र रह जाते हैं जिन्हें वह अधूरे अन्दाज या अनुमान या विश्वास से भरता है। इस प्रकार जोड़-तोड़कर जो ज्ञान पैदा किया जाता है उसके सही होने की सम्भावना कम ही होती है। ऐसी स्थिति में किसी स्थापित विश्वसनीय आप्त वचनों पर आधारित अज्ञान-निवारण का तकनीक अधिक कारगर माना जाता है। तीर्थंकर ऐसा ही आप्त-स्रोत है जो सारे प्रमाणों से पुष्ट और स्थापित है, जिसमें किसी छिद्र की गुंजायश नहीं होती। अत: तीर्थंकर प्रणीत तत्त्व-दर्शन त्रास-मुक्ति का उपाय-कौशल सर्वाधिक विश्वसनीय कहा जाता है। वही उपाय कौशल धम्म कहलाता है जिसमें त्रासमुक्ति की सम्भावना सर्वोच्च होती है। धम्म की पन्थरचना अन्धरचना न होकर प्रबुद्ध रचना होती है। इस रचना में आस्था या विश्वास रखना ही सम्यक्त्व है।

इसके विपरीत ज्ञान के छिद्रों को आत्मनिष्ठ कारणों अथवा कर्मों के उदय में रहते हुए वस्तुनिष्ठ असावधानी, जल्दबाजी, प्रमाद, पूर्वाग्रह, भय, कषाय एवं नो-कषायगत राग-द्वेष आदि आवेशित विश्वासों से भरा जाता है तो वह ज्ञान-अभिवृत्ति मिथ्यात्व कोटि में आती है। ऐसी अवस्था में सारा ज्ञान-दर्शन प्रदूषित और अविश्वसनीय हो जाता है। वह प्रमा-कोटि से बाहर हो जाता है। अप्रमा-ज्ञान-दर्शन अप्रामाणिक और प्रमत्त व्यक्ति का प्रलाप मात्र होता है जो कभी-कभी सही और अधिकांशत: गलत होता है। वह ज्ञान मंगलकारी नहीं होता और स्व-पर के लिए विनाशकारी भी साबित होता है।

अधूरा ज्ञान, साथ ही प्रदूषित आवेशित विश्वास जीव को शुतुरमुर्गीय आचरण के लिए मजबूर कर देता है। कहावत है : जब शुतुरमुर्ग रेगिस्तानी जंगल में शिकारियों से घिर जाता है और जान बचा पाने में असमर्थ होता है तो वह हारकर अपनी गर्दन रेत में घुसाकर निश्चिन्त लेट जाता है यह सोच और विश्वास कर कि अब कोई शिकारी उसके आस-पास नहीं है। किन्तु सत्य सत्य ही होता है। इस प्रकार मिथ्या विश्वासपूर्ण आचरण से रक्षा नहीं होती। दैनिक जीवन में समस्याओं से घिरकर मिथ्यादृष्टि लोग शुतुरमुर्गीय अभिवृत्ति अपनाते हैं और वे आवेशित विश्वासों के शिकार होकर कभी ईश्वर-अल्लाह के नाम पर, कभी किसी देवी-देवता, या

जन्तर-मन्तर, टोटका, झाड़फूँक की आड़ लेकर निश्चेष्ट बैठ जाते हैं। यह सब लौकिक मिथ्यात्व है। इसी प्रकार बुद्धिमानों की दृष्टि में किसी वैज्ञानिक खोज के आधार पर नरसंहार और जैविक विनाश के अस्त्र-शस्त्रों का निर्माण करना किसी भारी भरकम बौद्धिक सिद्धान्त की पूर्ति के नाम पर एक प्रकार का मिथ्यात्व है, जिससे दुःख और त्रास की जड़ें मजबूत होती हैं। इसलिए त्रासमुक्ति की सम्भावना केवल, और केवल सम्यक्त्व-प्राप्ति से ही शुरू होती है।

सम्यक्त्व जीव के मूलस्वभाव का गुण है, किन्तु मोहनीय कर्म के प्रभाव से कतिपय जीवों का स्वभाव पूर्ण या आंशिक रूप से विकृत होता है। मोहनीय कर्म के विक्षेपकारी कम या अधिक प्रभाव के आधार पर वेदक सम्यक्त्व, सम्यक्-मिथ्यात्व और मिथ्यात्व तीन प्रकार के मिथ्यादृष्टि जीव जन्मजात होते हैं। इन्हें सम्यक् तत्त्वश्रद्धान बाद में पुण्योदय का सुयोग और शुभ निमित्त के जुड़ने से प्राप्त होता है। यह सम्यक्त्व-लब्धि का क्षण जीव का भाग्योदय का क्षण होता है। यह क्षण जीव की नियति बदलने का अवसर है। इस अवसर को जैन शब्दावली में प्रथमोपशम पुकारते हैं। इस क्रान्तिकारी अवसर पर जीव के इतिहास में गुणात्मक परिवर्तन का सूत्रपात होता है। उसकी मिथ्यात्वनिशा का अन्त होकर नये सवेरे की आशा का संचार होने लगता है। यद्यपि प्रथमोपशम का प्रकाश समयमात्र ही टिकता है, परन्तु जीव के आत्मप्रदेश में ऊर्ध्व विकास की कशमकश शुरू हो जाती है और उसके अन्दर द्वितीयोपशम की भूमिका बनने लगती है। जीव सम्यक्त्व की विरासत आगे के भावों में साथ लेकर जाता है। इस प्रकार सम्यक्त्व निसर्गज और अधिगमज दो प्रकार का हो जाता है। निसर्गज सम्यक्त्व जन्मजात होता है, और अधिगमज सम्यक्तव पुण्योदय और शुभ निमित्तों के योग से जन्म के बाद प्राप्त होता है।

वस्तुतः स्वभाव में मिथ्यात्व के मूलबद्ध होने का औचित्यस्थापन हमारे अधूरे ज्ञान की पृष्ठिभूमि में छिपा होता है। वस्तु स्वभाव की कारण-कार्य श्रृंखला की पूरी तस्वीर हमारे सामने नहीं आ पाती। हमें विश्वास तो है कि प्रत्येक घटना का कोई न कोई कारण जरूर होता है। और यह भी विश्वास साथ ही संलग्न होता है, कि समान परिस्थितियों में एक तरह के कारण से एक ही तरह का कार्य घटित होता है। जैसे एक निश्चित स्तर तक आग जलाने से पानी उबल जाता है। यदि सारी परिस्थितियाँ समान हैं तो जब-जब उक्त स्तर तक आग जलेगी तो पानी उबलेगा। इसी प्रकार से हम जानते और विश्वास

करते हैं कि अच्छे कार्य-उद्दीपन से सुखद परिणाम होता है। उसी प्रकार हमारा अनुभूत सत्य है कि सद्वृत्तियों से पुण्य और दुर्वृत्तियों से पाप-संचय होता है। ये सारे अनुभव और विश्वास हमारे लोक-व्यवहार में कारण-कार्य सम्बन्ध और प्रकृति की एकरूपता में मौलिक विश्वास से पैदा होते हैं जिन्हें हम वस्तुसत्य के स्थायी नियमों के रूप में लेते हैं। किन्तु अधूरे इन्द्रियज्ञान और अन्य वस्तुनिष्ठ कारणों के होने से जल्दबाजी और उतावलेपन में हम आवेशित निर्णय लेने लग जाते हैं जो प्रकृति के स्थायी नियमों से असंगत होते हैं। जैसे कोई हिंसाचार करते हुए हम सोच लेते हैं कि अगला समय किसने देखा है? अगला जन्म होगा या नहीं? इसलिए वर्तमान में हिंसाचार में जो अस्थायी सुख मिल रहा है वही स्थायी सत्य है। वह शुतुरमुर्गीय न्याय अपने दिमाग पर ओढ़ लेता है कि कोई स्थायी मूल्य होता ही नहीं। भविष्य सम्बन्धी सारा यथाकथित विवेक बकवास है। जो आँख के सामने है वही सत्य है और सब कुछ अनिश्चय के गर्भ में पड़ा हुआ झूठ है। यह सारा युक्ति-जाल जीव का गृहीत मिथ्यात्व है जो भव-भव के सन्त्रास-भोग की भट्टी में झोंक देता है। इससे मुक्ति का एक ही रास्ता है—वीतराग गुरु के सम्बोधन में विश्वास और सद्धर्म में प्रबुद्ध आस्था की उपलब्धि, जो जीव को संचित पुण्य-उदय के अतरंग कारण से ही प्राप्त होता है।

क्रमबद्ध पर्याय

यदि कारणता प्रकृति का सार्वभौम अटल नियम है, तो हम उसे जानें या न जानें, नियम तो काम करता ही रहेगा। न्यूटन ने भौतिक पदार्थों की प्रकृति का अध्ययन कर नियम खोजा कि प्रत्येक क्रिया की तुल्य बल के साथ प्रतिक्रिया जरूर होती है। अब कोई विशेष क्रिया या/और प्रतिक्रिया को देखे या न देखे, क्रिया-प्रतिक्रिया तो होगी ही। आग ईंधन को जलाती है। अब कोई जाने या न जाने, आग अपने स्वभावानुसार काम करेगी ही। क्रिया-प्रतिक्रिया के इस न्यूटनीय भौतिक नियम को जैन दार्शनिक ने व्यापक रूप से पूरे जीव-जगत् के मनोदैहिक या आत्म-भौतिक जीवन के कार्य-व्यवहार पर फैलाकर देखा जिसे उसने कर्म संज्ञा से पहचाना। कर्म में कारण सिद्धान्त ही व्यापक रूप से चर्चित है। अनादि काल से जीव अजीव अन्य के साथ क्रिया-प्रतिक्रिया करता आ रहा है। यह क्रिया-प्रतिक्रया-व्यापार स्वत:चालित वस्तु-स्वभाव इसी अटल नियम से बँधा हुआ चलेगा। इसे कोई रोक नहीं सकता। प्रत्येक वर्तमान पर्याय का पूर्व कारण जरूर होता है और वर्तमान

पर्याय के बाद भावी पर्याय भविष्य के गर्भ में प्रतीक्षारत जरूर होती है। पर्यायों की क्रमबद्धता वस्तु-स्वभाव का अटल नियम है। इसे कोई अन्यथा नहीं कर सकता। पर्यायों की क्रमबद्धता जीव की नियति है। प्रत्येक जीव प्रति समय किसी न किसी पर्याय को धारण जरूर किये रहता है। पर्याय-शृंखला का आत्यन्तिक विनाश और उत्पाद नहीं हो सकता। ऐसा कदापि नहीं हो सकता कि जन्म से पूर्व कुछ नहीं था और मृत्यु के बाद कुछ नहीं रहेगा। कोई जाने या न जाने, जन्म से पूर्व अस्तित्व था और मृत्यु के बाद अस्तित्व रहेगा। वह किस रूप में था और किस रूप में रहेगा, यह सोचने और निश्चय करने की अलग बात है। किन्तु अस्तित्व का सातत्य एक अटल नियम है जो वस्तु-स्वभाव का अंग है।

कोई द्रव्य पर्याय के बिना नहीं हो सकता। सिद्धावस्था में भी शुद्ध आत्म-द्रव्य की आकाश-काल की युति पर शुद्ध पारदर्शी शून्याकार पर्याय होती है। पर्यायों की क्रमबद्धता में कभी एक समय कालांश का भी अन्तराल नहीं होता। अब प्रश्न है पर्यायों के उत्पाद और व्यय की कारण-सामग्री क्या है? यदि कोई बदलाव होता है, तो क्यों और कैसे? इन प्रश्नों और इन जैसे प्रश्नों का समाधान जैनागमों के विशाल वाङ्मय में कर्मों के आस्रव, बन्ध और निर्जरा खंड में विस्तार से दिया गया है। यहाँ केवल इतना ही स्पष्ट करना है कि प्रत्येक पर्याय के उत्पाद और व्यय में अन्तरंग और निमित्त कारणों पर जैन विचारकों ने काफी ऊहापोह किया है। यह ऊहापोह वस्तुतः अस्तित्व के द्रव्य-सत्य से जुड़ा हुआ है। प्रस्थापना है, कि प्रत्येक द्रव्य-इकाई अपना गुण-पर्यायों का लिबास ओढ़े सर्वथा विलक्षण और स्वतन्त्र वस्तुसत्य है। उपादान और निमित्त दो अलग-अलग वस्तुसत्य होते हैं। इन दोनों की सत्ता विलक्षण सत्य होती है। इन दोनों को एक पलड़े में नहीं तौला जा सकता। इनके बीच कारण सम्बन्ध उपचार मात्र होता है। दोनों द्रव्यसत्यों का परिणमन अपने-अपने उपादानों की स्वनिष्ठ क्रिया है। दोनों का निमित्त नैमित्तिक सम्बन्ध औपचारिक समानान्तरता का सम्बन्ध है। यह सम्बन्धों का समानान्तरवाद और वस्तुसत्यों का सर्वथा विलक्षणतावाद हमें एक अजीब दार्शनिक द्विधावाद की ओर ले जाता है। द्विधा यह है, कि सर्वथा विलक्षण और स्वनिष्ठ द्रव्य की सारी क्रमबद्ध पर्यायें नियति की एकतरफा दिशा में एक-दूसरे की अनुकृति मात्र रहने के लिए अभिशप्त हो जाएँगी। उनमें दिशा की संक्रान्ति होने की कोई गुंजाइश ही नहीं बचेगी।

त्रास या दु:ख की क्रमबद्ध पर्यायें दु:ख ही रहेंगी। वे सुखोन्मुख कभी नहीं हो सकेंगी। मिथ्यात्व स्वभाव का नित्यत्व बन जाएगा। ऐसी अवस्था में आखिर मिथ्यात्वनिशा से उबरने और प्रथमोपशम के उदय का हेतु क्या होगा?

बड़ा प्रश्न यह है कि गिथ्यात्व रो राग्यक्त्व की दिशा गें संक्रान्ति कैसे होती है जब निश्चय सिद्धान्तवादी यह मानता है कि कोई द्रव्य किसी दूसरे द्रव्य की पर्याय-परिवर्तन में रंचमात्र उत्तरदायी नहीं है? प्रत्येक द्रव्य अपनी उपादान सामग्री में ही परिणमन करता है। निमित्त का कोई वास्तविक उपकार नहीं है। उपादान के पर्यायक्रम में सम्यक्त्व की दिशा का संकेत ही नहीं, सम्यक्त्व का सूक्ष्मतम संस्कार ही नहीं, वहाँ अनादि मिथ्यात्व का अँधेरा ही अँधेरा है, तो किस हेतु से प्रथमोपशम के रूप में सम्यक्त्व की पहली किरण का प्रकाश वहाँ प्रवेश करता है? मोक्ष के लिए पहला पुरुषार्थ करने की चेतना का पहला स्पन्दन प्रथमोपशम के साथ ही कौंधता है। यह महासंक्रान्ति का श्रीगणेश आखिर किसकी कृपा का प्रतिफल है। निश्चित ही इसमें उपादान के रूप में किसी पुण्य-प्रकृति का उदय भले हो परन्तु उसी क्षण किसी सम्यग्दृष्टि-सत्पुरुष के निमित्त का कृपायोग भी महत्त्वपूर्ण है। अब यह काललब्धि का क्षण है कि जब पुण्योदय हो रहा था, उसी क्षण सम्यक्त्व का बीजारोपण करने सत्पुरुष का सम्बोधन और उसके आभामंडल की दिव्य ज्योति वहाँ उपस्थित हुई। इस निमित्त के मिलते ही मिथ्यादृष्टि जीव के मोहनीय कर्म की जकड़ में दरार आ गयी और उसी दरार से सम्यक्त्व की पहली किरण का प्रकाश कौंधा और अनन्तानुबन्धी चारित्र-मोहनीय के धरातल में भूचाल आया, धरती फटी और उसमें से फूटी ऊर्जा से सत्पुरुषार्थ की पहली सम्भावना ने जुम्बिश ली। अगर ऐसा नहीं हुआ या होता है, तो हम नियतिवाद की कभी न समाप्त होने वाली अन्धरचनाक्रम से उबर नहीं सकेंगे और हम नित्य रूप से त्रस्त या दु:खी रहने के लिए अभिशप्त रहेंगे। मोक्ष की सम्भावना समाप्त हो जाएगी।

इस मुकाम से क्रमबद्ध पर्याय के दो फाट हो जाते हैं। एक फाट में पूर्ववत्, यन्त्रवत्, मिथ्यात्व की अभव्य दिशा चालू रहती है। दूसरे फाट में संक्रान्ति के फलस्वरूप सम्यक्त्व की भव्यदिशा जग पड़ती है। भव्य दिशा में प्रथमोपशम का पहला कदम उठता है। फिर उसी दिशा में अनुकूल निमित्त जुड़ने लगते हैं। भव्य जीवराशि में हलचल बढ़ने लगती है। उसी में से निकट

भव्य जीव आगे आने लगते हैं। जिनकेवली और तीर्थंकरों, बुद्धों का अवतरण होने की सम्भावना प्रबल हो उठती है। पहले से चल रहा धम्मचक्र, जो अब निस्तेज हो गया था, पुनर्जीवित हो नयी ऊर्जा का संचार करता है। बोधिसत्त्वों का अवतार हो उठता है। अन्ततः तीर्थंकर भी प्रकट होते हैं। इस प्रकार प्रथमोपशम का पहला एकाकी कदम उठा था, वह धीरे-धीरे सम्यक्त्व की एक फौज बनती गयी और मोक्ष की दिशा में सद्धर्म की जिहाद शुरू हो गयी। कर्म की शैतानी फौज में शामिल भव्य जीवों ने बगावत कर दी। एकाकी अरण्य में खड़े बोधिसत्त्व राम के पुण्य-प्रभाव से विद्रोही भव्यों का काफिला राम के पीछे कतारबद्ध हो गया और राम-रावण संग्राम शुरू हो गया। ऐसा संग्राम अनवरत चला आया है और आगे चलता रहेगा। धम्म की संक्रान्ति अटल सत्य है।

फिर हम उपादान और निमित्त पर ही आते हैं। उपादान अतरंग कारण है तो निमित्त बहिरंग। हम पहले देख चुके हैं कि किसी कार्योत्पत्ति में द्रव्य और भाव अन्तरंग कारक हैं तो क्षेत्र या आकाश व काल बहिरंग हैं। इन चारों कारकों के योग से ही कोई कार्य निष्पन्न होता है। इनमें से एक का भी अभाव कार्य उत्पन्न नहीं होने देगा। तात्पर्य यह है कि अन्तरंग कारण के रूप में द्रव्य के आधार पर स्थायी गुणों का पर्यायरूपी उद्वेलन ही वस्तुसत्य का द्रव्य भाव है जो तभी यथार्थ सत् होता है जब आकाश (क्षेत्र) काल की बहिरंग युति से अनुकूल परिस्थिति का योग निष्पन्न होता है। इस तरह कार्योत्पत्ति के लिए उपादान और निमित्त समान रूप से उत्तरदायी हैं। अतः दोनों का समान महत्त्व है। जैसे क्रोधावेश अन्तरंग क्रिया है, किन्तु यदि क्रोध का कोई बाह्य आलम्बन मौजूद नहीं है तो क्रोधावेश की अभिव्यक्ति नहीं हो सकती। कोई बालक विद्या ग्रहण करने की पूरी आन्तरिक क्षमता से लैस है किन्तु पढ़ने के साधन उपलब्ध नहीं हैं तो पठन-पाठन की क्रिया नहीं हो सकती। उसी प्रकार क्षेत्र और काल की सभी बाहरी परिस्थितियाँ मौजूद हैं परन्तु द्रव्य-भाव उपादान पर्याप्त नहीं हैं, तो भी कार्य निष्पन्न नहीं होगा। यही न्याय सम्यक्त्व उत्पत्ति में लागू होता है। सम्यक्त्व उत्पत्ति का उपादान कारण दर्शन मोहनीय कर्म का उपशम और किसी पूर्व पुण्य बन्ध का उदय मौजूद है परन्तु क्षेत्रगत परिस्थिति और अनुकूल कालयोग (काल लब्धि) का अभाव है तो प्रथमोपशम का लाभ अन्तरायग्रस्त हो जाएगा। उसी प्रकार क्षेत्र और काल-योग मौजूद हैं परन्तु उपादान तैयार नहीं है, तो भी सम्यक्त्व-लाभ नहीं होगा। जैसे बुद्धत्व

प्राप्त करने के बाद धम्म देशना के परमशुभ भाव से युक्त गौतमबुद्ध ने एक अभागे सौदागर को सम्बोधना चाहा, परन्तु पात्रता के अभाव के कारण पहली बुद्ध-देशना निष्फल गयी। वैसे ही तीर्थंकर महावीर का पहला उद्बोधन सत्पात्र के अभाव में कार्यकारी नहीं हो सका। अतः उपादान और निमित्त को बराबर का महत्त्व देना होगा। अब कोई तर्क करे कि यदि उपादान पूरी तरह परिपक्व है तो वस्तु-स्वभाव है कि वहाँ अनुकूल निमित्त स्वतः ही जुड़ेगा। यहाँ पर वस्तु-स्वभाव की प्रकृति स्पष्ट न होने से भ्रान्ति की सम्भावना है। कोई ऊहा कर सकता है कि यह वस्तु-स्वभाव की नियति किस सार्वभौम नियम का निगमन है? ऊहां का उत्तर स्पष्ट नहीं है।

उपादान और निमित्त की इस गुत्थी का सुलझाव अस्तित्ववाद की अनेकान्तवादी न्याय-प्रक्रिया से ही हो सकता है। प्रत्येक जीवास्तिकाय एक अस्तित्व-इकाई है। अस्तित्व में द्रव्य, भाव, क्षेत्र, काल—चारों तत्त्वों का समावेश होता है। यह अनुभूतिगत स्थापित सत्य है कि अस्तित्व इकाइयाँ एक-दूसरे में घुसपैठ कर परस्पर एक-दूसरे को आच्छादित करती हैं। असंख्यात, कहीं-कहीं अनन्त निगोदिया जीव-राशि एक ही शरीर में सहवास करती है, मरती-जीती है। वे सारे सहवासी जीव-अस्तित्व एक दूसरे से निमित्त-नैमित्तिक सम्बन्ध से जुड़े होते हैं। प्रश्न होता है, उनका नैमित्तिक सम्बन्धों का नियन्ता कौन है? उनका नियन्ता उनका आश्रयदाता व्यापक अस्तित्व होता है। इस प्रकार सृष्टि के सारे जैविक अस्तित्व किसी कोने पर एक-दूसरे का उपग्रह या उपकार करते हैं। यह उनका स्वभाव है। इस स्वभाव के तहत अस्तित्वों की श्रेणियाँ बनती हैं। प्रत्येक अस्तित्व को वर्ग-समूह में रखकर देख सकते हैं। प्रत्येक वर्ग-समूह का एक नेता होता है और उस नेता के नाम से वह अस्तित्व का वर्ग-समूह पहचाना जाता है। उस नेता की ज्ञान-दर्शन चेतना ही अपने क्षयोपशम की शक्ति से वर्ग-समूह के घटकों के निमित्त-नैमित्तक सम्बन्धों का नियन्त्रण और नियमन करती है। फिर, अपेक्षाकृत छोटे वर्ग-समूह बड़े वर्ग-समूह में अन्तर्भूत होते जाते हैं। इस प्रकार अस्तित्वों की सत्तागत श्रेणियाँ बनती जाती हैं। सत्तागत श्रेणियों में अवान्तर सत्ताओं के क्रम में आगे बढ़ते हुए हम अन्ततः महासत्ता के स्तर पर पहुँच जाते हैं। सत्ता की श्रेणीबद्धता के साथ ही साथ पुद्गल-स्कन्धों की श्रेणियाँ भी ऊपर चढ़ती हुई महास्कन्ध के स्तर पर पहुँचकर महासत्ता का भौतिक कलेवर निर्मित करती हैं। महासत्ता के कलेवर में सभी पदार्थ

अन्तर्भूत होते हैं, और उस महाकलेवर का दिव्यशीर्ष अनन्त सिद्धात्माओं के परस्पर आच्छादित शुद्ध क्षेत्र-शरीर होते हैं। इस दृष्टि से देखने पर उच्चतर सत्ता-अस्तित्व अपने आश्रित अस्तित्वों का नैमित्तिक सम्बन्ध नियन्त्रित और नियमित करता है और अन्ततः सारी सृष्टि के अस्तित्वों का निमित्त-नैमित्तिक सम्बन्ध दिव्य-शीर्ष से स्वतःसंचालित होता रहता है।

उपर्युक्त विवेचन से यह स्पष्ट हुआ कि कार्योत्पत्ति में उत्पादन और निमित्त कारणों की बराबर-बराबर भागीदारी है। बल्कि इसके आगे व्यावहारिक दृष्टिकोण से निमित्त का वर्चस्व कुछ अधिक है, क्योंकि व्यवहारतः उपादान पर कर्ता का कोई वश नहीं होता। वह कर्मों के पूर्व बन्ध और उनके उदय से स्वतःचालित प्रक्रिया से नियन्त्रित और नियमित होता है। उससे जीव अस्तित्व की नियति या भाग्य या प्रारब्ध निर्धारित होता है, जिसे भोगने के अलावा दूसरा कोई चारा नहीं। किन्तु निमित्तों के प्रहस्तन में हमें कुछ आजादी हासिल है, जहाँ हम अपने पुरुषार्थ के लिए कुछ गुंजाइश खोज सकते हैं और अपने भविष्य-निर्माण का हक प्राप्त कर सकते हैं। इसी हक में छिपा है हमारी दुःख-मुक्ति का राजा जैसा नियम है, कि हर अधिकार या हक के साथ कर्तव्य करने का अनुशासन जुड़ा होता है। अतः अब हम आते हैं दुःख-मुक्ति के लिए आवश्यक अधिकार और कर्तव्यों के पुरुषार्थ की चर्चा पर।

पुरुषार्थ का अधिकार और कर्तव्य

मानवीय नियति की पहली सर्वोपरि घोषणा यह है, कि सारे दुःखों से मुक्त होने का जन्मसिद्ध अधिकार प्रत्येक जीव का है। प्रत्येक जीव दुःखी है। दुःखी होना उसकी नियति का प्रारब्ध है। इस प्रारब्ध से बँधे दुःख या त्रास से मुक्त होने का मूल अधिकार प्रत्येक जीव को हासिल है। इसे कोई छीन नहीं सकता, कोई रोक नहीं सकता। यदि कोई रोकता है तो स्वभावतः वह संघर्ष का बुलावा देता है। इस प्रकार मुक्ति को रोकने और गुलाम बनाने वाले के खिलाफ संघर्ष करने और जिहाद बोलने का दूसरा मौलिक अधिकार प्रत्येक जीव को स्वतः प्राप्त है। प्रत्येक जीव स्वतन्त्र होने के अधिकार से प्रकृतितः प्रतिबद्ध है। यह स्वतन्त्रता-संग्राम का निर्देशक सिद्धान्त है। यह प्राकृतिक न्याय का भी निर्देशक सिद्धान्त है। अतः अपने प्राकृतिक न्याय को प्राप्त करने का तीसरा मौलिक अधिकार भी बनता है। चौथा मौलिक

अधिकार अपनी सम्भाव्य क्षमताओं का विकास करना है। सम्भाव्य क्षमताओं पर आवरण डालने, उनके विकास में विघ्न पहुँचाने या उन्हें गुह्य और खुले तौर पर विकृत करने के तौर-तरीकों को चुनौती देने का अधिकार भी प्रत्येक जागरूक जीव को जन्मजात रूप से हासिल है।

अब, यह निश्चित है कि अधिकार भीख माँगने से नहीं मिलता। कोई निष्क्रिय भाग्य-भरोसे बैठकर चाहे कि उसे उसका अधिकार बैठे-ठाले मिल जाएगा, यह सम्भव नहीं। अधिकार प्राप्त करना होता है। उसे पाने के लिए प्रत्येक जीव को पुरुषार्थी होना पड़ता है। उसे अपने अधिकार को पाने के लिए श्रम करना होता है, यथाशक्ति कठोर श्रम। श्रम का कोई विकल्प नहीं। और श्रम करने के लिए उसकी सुचिन्तित, युक्तिसंगत कार्य—योजना होती है, जिसे पुरुषार्थ कहते हैं। पुरुषार्थ की यह कार्य-योजना ही अधिकार प्राप्त करने का कर्तव्यबोध है। अधिकारों का प्राप्तीकरण इसी कर्तव्य-पालन के रास्ते से होता है या हो सकता है।

पुरुषार्थ की कार्ययोजना का मूल सिद्धान्त या फंडा है कर्मों के घुसपैठियों पर सेंसर लगाना। जैविक अस्तित्व के क्षेत्र में विजातीय तत्त्वों का बेरोकटोक घुसा चला आना, अन्दर आकर अपने अड्डे जमाना, अपना नेटवर्क फैलाना, व्यवस्था के खिलाफ अपनी समानान्तर व्यवस्था पैदा कर अस्तित्व में बगावत के बीज बोना, तनाव पैदा कर तोड़फोड़ और आतंक के द्वारा अस्तित्व को गुलाम बनाना आदि चीजों पर चौकस निगरानी बिठालकर गड़बड़ रोकने का यत्न पुरुषार्थी का पहला कर्तव्य है। इस कार्य को पारिभाषिक शब्दावली में आस्रव-निरोध कहते हैं। आस्रवनिरोध यानि कर्मों के आने को रोकना। कर्म की घुसपैठ अस्तित्व के तीन द्वारों से होती है। वे द्वार हैं—शरीर, वाणी और मन। पुरुषार्थी जीव इन तीनों द्वारों पर सेंसर लागू करता है। सेंसर की चौकियाँ स्थापित कर कार्यवाही शुरू कर देता है। इस कार्यवाही का नाम है संवर।

संवर

संवर को एक सूत्र-वाक्य में कहें—'आस्रवनिरोधः संवरः' अर्थात् आस्रव का निरोध (रोकना) संवर है। यह तो हुई संवर की तकनीकी परिभाषा। अब जरा समझें सामान्य सोच के अनुसार संवर का स्वरूप। पूरे जैविक अस्तित्व में हर समय बेचैनी का आलम रहता है। जब से अस्तित्व की ज्ञानेन्द्रिय ने होश सँभाला है, उसने पाया है कि उसके तीनों द्वारों पर हलचल है आने और जाने की। भीतर से बुलाने के संकेत आ रहे हैं, और बाहर उन संकेतों के अनुरूप भीतर घुसने की जद्दोजहद हो रही है। दृष्टान्ततः, कोई मदनावेशित रितुमती नारी भीतर बैठी है, और उसकी मदनतरंगें बाहर विकीर्ण होकर आ रही हैं। वे तरंगें बुलावा हैं बाहर खड़े नरों को। उस बुलावे से मदनावेश बाहर भी पैदा होता है। मदनावेश भीतर भी बाहर भी। फलतः सीमान्त पर मारामारी, द्वारों पर तू चल मैं चल। अस्तित्व के प्रशासन के सामने चुनौती है, यदि द्वार मुक्त खुले छोड़े जाते हैं, तो अनियन्त्रित अराजकता, और यदि द्वार बन्द कर दिये जाते हैं, तो अस्तित्व की प्रकृति अतृप्त रहती है। ऐसे में या तो व्यवस्था के खिलाफ खुला विद्रोह होकर अराजक पागलपन की स्थिति आनी है या घुटकर आत्महत्या होनी है। ये दोनों ही स्थितियाँ स्वीकार्य नहीं हो सकतीं। अतः जैविक अस्तित्व प्रशासक-प्रज्ञा से दिशा निर्देशों की माँग करता है। केन्द्र के अन्तःकरण का सम्यक्त्व-बोध सक्रिय होता है। उसकी ज्ञानेन्द्रियों के तार खटकते हैं। तदनुसार ही कर्मेंद्रियों की मांसपेशियाँ अपनी पुलिस ऊर्जा को रेडअलर्ट की स्थिति में ले आती हैं। तब सेंसर की चौकियों पर आदेश आता है, कि आस्रव की अराजकता नियन्त्रित करते हुए उसकी गहन छानबीन की जाए और द्वारों पर पुद्गलों की आवक को छन्ना लगाकर नियमबद्ध तरीके से अन्दर आने

दिया जाए। आस्रव-द्वारों पर यह छन्ना लगाना ही सेंसर का कार्य है।

अस्तित्व के अन्दर आठ कर्मों की ग्रन्थियाँ सत्ता में हैं। सत्ता में पड़ी हुई ग्रन्थियाँ फिलहाल सो रही हैं। लेकिन सोता हुआ व्यक्ति यदि गहरी नींद में अचेत है, तो व्यवहारत: उसका होना या न होना एक-सा, और यदि वह हल्की नींद में आकर स्वप्न देख उठा है, तो उन ग्रन्थियों में हलचल शुरू हो गयी है समझो। ग्रन्थियाँ जगकर उदय में आने की तैयारी करने लगी हैं। उदय में आते ही प्रत्येक कर्म-प्रकृति अपनी गन्ध या सन्देशवाही तरंगें बाहर भेजने लगती हैं। उन सन्देशों को पकड़कर बाहर घूमते पुद्गलास्तिकाय अस्तित्व के योग-द्वारों पर दस्तक देने लगते हैं। उनकी दस्तकों का संज्ञान लेते हुए सेंसर सक्रिय हो जाता है। फिर छन-छन कर पुद्गलों की धूल का इन उदयीकृत ग्रन्थियों का विक्षोभों के साथ नया गठबन्धन शुरू हो जाता है और पुराने गठबन्धनों की प्रतिबद्धता कालातीत होकर अप्रासंगिक हो जाती है। इस प्रकार भीतर के संकेतों के सन्दर्भ में बाहर से पुद्गलों का आना, चाहे अनियन्त्रित या छनकर, भीतर गठबन्धन करना कर्मास्रव है, और इस आने और गठबन्धन करने पर रोक लगाना कर्मों का अनास्रवीकरण है। अनास्रवीकरण के लिए कुछ अनुशासन और संयम अपेक्षित है। इसी संयमीकरण का नाम है संवर।

संवर या संयम योग के तीनों द्वारों पर होता है। तीनों द्वारों पर संवर का अनुशासन किस प्रकार लागू हो, उसके व्यावहारिक नियम क्या हों, इसका निर्धारण देश-काल-परिस्थिति के अनुसार समय-समय पर प्रत्येक तीर्थंकर के तीर्थकाल में होता रहा है और आगे भी होता रहेगा। वर्तमान में अन्तिम तीर्थंकर महावीर स्वामी का धम्मतीर्थ काल चल रहा है। प्रत्येक तीर्थकाल में संयम का मानक निर्धारित होता है। फिर परवर्ती आचार्यों द्वारा बदले समय के अनुसार उस मानक में थोड़ा-बहुत संशोधन होता रहता है, यद्यपि संयमाचार के निर्देशक सिद्धान्त अपरिवर्तित रहते हैं। इस प्रकार मानकित संयमाचार से व्यवहार-धर्म का स्वरूप निर्धारित होता है। मूल बात यह है, कि अनियन्त्रित कर्मास्रव पर लगाम कैसे लगायी जाए और अनास्रवीकरण किस हद तक लागू किया जाए, यही मुख्य विषय है धर्माचार का, जिसकी चर्चा बहुत व्यापक है और प्रस्तुत सन्दर्भ से अलग भी।

ग्रन्थि-भेदन तथा निर्जरा

कर्मास्रव का उल्लेख ऊपर किया गया। आस्रव की अगली नियति कर्म-

बन्ध की है, जो आस्रवित पुद्‌गलों के अन्दर के विक्षोभों के साथ गठबन्धन के परिणामस्वरूप बनती है। सतत प्रक्रिया के द्वारा पुराने गठबन्धन की गाँठें (ग्रन्थियाँ) परिपक्वावस्था पाकर उदय में आती हैं, परिणाम देती हैं और पुराने अखबार की तरह रद्दी के ढेर में फेंक दी जाती हैं। उनकी जगह नये गठबन्धन से जनमी नयी गाँठें नयी सम्भावनाओं के साथ आज के अखबार की तरह मेज पर सजा दी जाती हैं और वही पुराना क्रम—आस्रव, बन्ध, निर्जरा, फिर वही। किन्तु सम्यक्त्व के उदय से नयी संक्रान्ति ने जन्म लेकर संवर का पुरुषार्थ पैदा किया। इसी पुरुषार्थ के फलस्वरूप अनास्रवीकरण क्रिया अस्तित्व में आयी। अनास्रवीकरण से व्यवहार धर्म का प्रवर्तन हुआ। व्यवहार-धर्म, यानि सेंसरयुत विवेक की छाँव में नियन्त्रित आस्रव। पूर्ण अनास्रव अगली किश्त के लिए छोड़ दिया गया। व्यवहार धर्म में मोक्ष की सम्भावना नहीं, बल्कि मोक्ष के बारे में जागरूकता पैदा हुई, मोक्ष के लिए आदर और ललक का जन्म हुआ, क्योंकि व्यवहार धर्म में निर्ग्रन्थता नहीं आयी, केवल ग्रन्थि-निर्माण का गुण बदला। वह अशुभ से शुभ की ओर मुड़ा। जबकि शुभ भी बन्ध का ही रूप है। और जहाँ बन्ध, वहाँ मोक्ष नहीं। अत: मोक्ष के लिए ग्रन्थि-बन्धन से मुक्ति जरूरी है। तभी निर्ग्रन्थता का उदय होगा और मोक्ष एक वास्तविकता बनेगी। निर्ग्रन्थता ग्रन्थि-भेदन क्रिया से ही मिलती है। ग्रन्थि-भेदन का ही तकनीकी नाम तपस्या है। अब ग्रन्थि-भेदन क्रिया की जटिलता को संक्षेप में समझना है।

ग्रन्थि-भेदन के प्रमुख अस्त्र-शस्त्र निम्नोक्त हैं :

1. सम्यक् दर्शन, सम्यक् श्रद्धान, आत्म-साक्षात्कार, सृष्टि के शीर्ष पर स्थित दिव्य शीर्ष में अटल विश्वास
2. सम्यक् ज्ञान, भेद-विज्ञान, विवेक, प्रज्ञा
3. सम्यक् चारित्र, सम्यक् पुरुषार्थ, दृढ़ संकल्प
4. मजबूत स्वास्थ्य, उत्तम संहनन, सन्तुलित आहार
5. परम वैराग्य, ब्रह्मचर्य, प्रशस्त सात्त्विक जीवन-चर्या
6. समर्थ सद्‌गुरु-सत्संग, सम्यक् स्वाध्याय, परम प्रशस्त ध्यानाभ्यास
7. शान्त सामाजिक प्रबुद्ध, सहयोगी वातावरण

इन सभी बिन्दुओं पर क्रमश: विचार करना अपेक्षित है।

1. सम्यक्त्व पर हम पहले विचार कर चुके हैं। सम्प्रति मुझे इतना और जोड़ना है कि व्यावहारिक रूप से सम्यक्त्व-ग्रहण स्थूल से सूक्ष्म की

ओर क्रमशः आगे बढ़ता है। स्थूल सोपान पर सच्चे देव-शास्त्र-गुरु पर आस्था करना होता है। मोटे तौर पर यहाँ विश्वास करना, कि तीर्थंकर सच्चे देव हैं। उन्होंने जो कहा वही सच्चा शास्त्र है। उन शास्त्रों की तर्कसंगत सही व्याख्या कर जिसने हम तक पहुँचाया, वही सच्चा गुरु है। दूसरे सोपान पर तीर्थंकरों द्वारा उपदेशित तत्त्व-ज्ञान ही सच्चा ज्ञान है—यह श्रद्धान करना सम्यक्त्व का अगला चरण है। इस तत्त्व-ज्ञान को ग्रहण कर फिर शुद्ध स्वानुभूति के द्वारा प्रशस्त ध्यान करते हुए आत्म-साक्षात्कार की ओर बढ़ना सम्यक्त्व-ग्रहण का अन्तिम सोपान है। सम्यक्त्व की पहचान हमें व्यवहार और सिद्धान्त दोनों दृष्टियों से उसके आठ अंगों से होती है। वे आठ अंग हैं—निःशंका, निःकांक्षा, विचिकित्सा, अमूढ़दृष्टि, उपगूहन, स्थितीकरण, प्रभावना और वात्सल्य।

2. व्यावहारिक दृष्टिकोण से सम्यग्ज्ञान भी स्थूल से सूक्ष्म की दिशा में बढ़ता है। मतिज्ञान और श्रुतज्ञान इन्द्रियों और मन के द्वारा प्राप्त स्थूल स्तर के ज्ञान हैं। इसके आगे अवधि, मनःपर्यय और केवलज्ञान अतीन्द्रिय ज्ञान हैं जो वस्तुसत्य को सीधे-सीधे बिना किसी माध्यम के जानते हैं और वे उत्तरोत्तर सूक्ष्म, व्यापक और अधिक विश्वसनीय ज्ञान होते हैं। ग्रन्थि-भेदन के सन्दर्भ में ज्ञान का बहुत बड़ा महत्त्व है। यूँ कहिए कि ज्ञान के बिना ग्रन्थि-भेदन नहीं होता। यदि बाल-तप करके कोई ग्रन्थि-भेद करता है, तो वह एक तरह से अँधेरे में तीर चलाने जैसा है। ज्ञान की ही दैहिक रचना मेधा कहलाती है। प्रशस्त ध्यान के नियमित अभ्यास से मेधा की धार तीक्ष्ण होती जाती है। उस पर पड़ा हुआ ज्ञानावरण झीना और हल्का होता जाता है। ऐसी अवस्था में मेधा की पैनी धार से चेतना का चोला बिंधने लगता है। बिंधने के साथ ही चेतना की अँधेरी गहराई में सोती हुई कर्म-ग्रन्थियाँ अपने समय से पहले ही जग पड़ती हैं और सहसा ही सतह पर उदित हो जाती हैं। इस समय से पूर्व ध्यान की तीक्ष्णता से ग्रन्थियों का उदय में आना उदीरणा कहलाता है। उदीरणा से व्यक्ति के सामने असाधारण स्थिति पैदा हो जाती है जिससे सम्यक्चारित्र के बल पर ही निपटा जा सकता है।

3. सम्यक्चारित्र, दर्शन और सम्यग्ज्ञान की भूमिका पर खड़ी सत्पुरुषार्थ की इमारत है। सम्यक्चारित्र विवेक संयम-साधना की तकनीक है। संयम-साधना का व्यावहारिक रूप तो अनास्रवीकरण में भी अपनाया जाता है,

लेकिन जैसा पहले कहा, उस आंशिक अनास्रव से मोक्ष का लक्ष्य बहुत दूर होता है। पूर्व बन्ध की निर्जरा और कर्मों का क्षय और उपशम मोक्ष के लिए जरूरी शर्त है। इस काम के लिए कठोर पुरुषार्थ की जरूरत है। कठोर पुरुषार्थ ही तपस्या है। तपस्या अन्तरंग और बहिरंग कठोर चारित्र से पलती है। अन्तरंग कारकों में सम्यक् दर्शन और ज्ञान की तीक्ष्ण मेधा से प्रशस्त ध्यान साधा जाता है तो बहिरंग कारकों में शरीर को कर्मोदय की उदीरणा से पैदा असाधारण परिस्थिति से निपटने के लिए तैयार किया जाता है। वस्तुतः स्थिति यह है कि अँधेरे चेतना-लोक को अपने अतिरिक्त पुरुषार्थ से खँगालने में यह पूरी आशंका है कि वहाँ सत्तागत कौन-सी ग्रन्थि सहसा जगकर उदय में आ जाय और उपद्रव खड़ा कर दे। तीर्थंकरों के तपस्याकाल के लेखबद्ध संस्मरणों में ऐसे उदाहरण प्रचुर संख्या में उपलब्ध हैं जिनमें उदीरणा के द्वारा सक्रिय हुई कर्म-ग्रन्थियों के उपद्रवों को साधकों ने पूर्ण ज्ञान से झेला, तदुपरान्त उक्त ग्रन्थि को बेधकर निर्जरा की। भगवान पार्श्वनाथ के सामने कमठ का उपद्रव तीर्थंकरीय इतिहास की सबसे दुर्दान्त घटना थी, जिसे पार्श्वनाथ जैसे शलाकापुरुष का वज्रसंहनन ही झेल पाया। भगवान महावीर के भी जीवनकाल में घटित एक से बढ़कर एक उपसर्गों ने उनकी परीक्षा ली। ये सारे उपसर्ग और उपद्रव उदीरणा का ही परिणाम थे। तपस्या के द्वारा उदीरणा होती है और सत्तागत कर्म-ग्रन्थियाँ समय से पूर्व उदय में आती हैं और अपने अन्दर पालित परिणाम पैदा करती हैं। अब यह बात दूसरी है कि किस व्यक्ति के अवचेतन में कौन-सी ग्रन्थि कितनी जहरीली सत्ता में थी जो उदय में आयी, कोई पहले से नहीं जानता। जब वह उदय में आती है, व्यवहारतः तभी मालूम होता है कि उदय में आयी ग्रन्थि का जहर कितना मारक था। यदि उदय में आये कर्मों के उपद्रव को झेलने के लिए हमारा मन और शरीर-संहनन समर्थ नहीं हैं तो स्थिति बहुत संकटापन्न बन सकती है और व्यक्ति के पागल होने की भी नौबत आ सकती है।

संकटापन्न स्थिति में कुछ भी हो सकता है। पागल न हो, तो मिथ्यादृष्टि ही हो जाना सहज है जो पागलपन से भी बदतर स्थिति होती है। इसलिए सम्यक् चारित्र का पालन बहुत जरूरी है। सम्यक्चारित्र के साथ ही तपस्या करना बहुत जरूरी होता है, सम्यक्चारित्र में सम्यग्दर्शन-ज्ञान पहले ही निहित होता है, जो संकटापन्न स्थिति निपटाने में सहायक है। कितनी ही

विकट स्थिति क्यों न हो सम्यक्त्व की दृढ़ता व्यक्ति को मिथ्या-दृष्टि नहीं होने देती। सम्यक् ज्ञान का सहारा सारी परिस्थिति का सही यथार्थपरक मूल्यांकन करता है, जिससे भटकने की सम्भावना क्षीण हो जाती है और साधक का मनोबल ऊँचा रहता है। कभी-कभी असामान्य स्थिति मात्र सही मूल्यांकन से ठीक हो जाती है। बहुत-सी मानसिक व्याधियाँ सही मूल्यांकन से ही उपचारित होती हुई देखी गयी हैं। अत: ग्रन्थि-भेदन में सम्यक् चारित्र सर्वाधिक महत्त्वपूर्ण कारक है।

ग्रन्थि-भेदन के द्वारा ही कर्म की गाँठें तपस्या की वज्र-शक्ति से छेदकर तोड़ दी जाती हैं और अस्तित्व के आत्म-प्रदेश को शुद्ध, पारदर्शी और निर्मल बना दिया जाता है। इस भेदन-क्रिया से कर्म-ग्रन्थियों की अनेक दशाएँ पैदा होती हैं, जैसे—

1. उपशमन—कर्मों को उदय में आने से रोककर कुछ समय के लिए शान्त कर देना।
2. उदीरणा—कर्मों की दीर्घकालिक अवधि को काटकर शीघ्र ही उदय में ले आना।
3. क्षय—उदय में आये कर्मों को समता-भावपूर्वक छेदकर सत्ताहीन कर देना।
4. उत्कर्षण—कर्मों के उदय की निर्धारित अवधि को आगे बढ़ा देना।
5. अपकर्षण—कर्मों के उदय की निर्धारित अवधि को कम कर लेना।
6. संक्रमण—दो सहजातीय कर्मों को एक-दूसरे में रूप बदलकर विलीन कर देना।
7. निधत्ति—जहाँ किसी कर्म का न तो संक्रमण हो और न उसे उदय में आने दिया जाए। उसे धीरे-धीरे जस का तस भोग लिया जाए या पचा लिया जाए।
8. नि:कांचन—यह कर्म की सबसे विकट दशा है। इसमें किसी दुष्ट कर्म के निषेकों का न तो उत्कर्षण, न अपकर्षण और न संक्रमण होता है। बल्कि वह जैसा का तैसा अपनी पूरी ताकत से उदय में आता है और महाउपद्रव पैदा करता है। उसकी प्रकृति पर तपस्या का रंचमात्र असर नहीं पड़ता। भगवान पार्श्वनाथ पर

कमठ का उपसर्ग इसी कोटि का था जिसे पार्श्वनाथ जैसा वज्रसंहनन का शलाकापुरुष ही झेल पाया।

कर्म की उपर्युक्त दशाओं का नामोल्लेख मात्र यहाँ किया गया है। इसका सुविस्तृत अध्ययन जैन धर्म के सिद्धान्त-ग्रन्थों से किया जा सकता है। आज मनोविज्ञान की मनोविश्लेषण शाखा में अवचेतन का काफी अध्ययन किया जा रहा है, जिसमें अचेतन मनोग्रन्थियों का बनना, अवदमन, रेचन, रूपान्तरण, मार्गान्तरीकरण, उदारीकरण, प्रशान्तीकरण आदि अनेक प्रक्रियाएँ चर्चित की जाती हैं। तुलनात्मक दृष्टि से देखने पर स्पष्ट होता है कि जैन मनीषियों का चेतना की गहराई में सत्तागत कर्म-ग्रन्थियों का विश्लेषण कितना विशद और सटीक है। तपस्या के यथार्थ व्यवहारीकरण के सन्दर्भ में ग्रन्थि-भेदन तकनीक मानसिक विज्ञान का एक असाधारण अजूबा है। खैर, अब आगे बढ़ते हुए हम ग्रन्थि-भेदन के अगले बिन्दु पर आते हैं।

4. समुचित शारीरिक स्वास्थ्य और उत्तम संहनन ग्रन्थि-भेदन प्रक्रिया को सम्पन्न करने के लिए आवश्यक है। अब समझना है यह संहनन क्या बला है? जैन धर्म-दर्शन में जीव की संसार-अवस्था के लिए उत्तरदायी आठ प्रकार की कर्म-प्रकृतियाँ चर्चित की गयी हैं, जिनमें नाम कर्म की सर्वाधिक प्रकृतियाँ हैं, जो अस्तित्व के भौतिक कलेवर का स्वरूप निर्धारित करती हैं। संहनन शरीर के अस्थि-पंजरादि के बन्धनों को कहते हैं। यह छः प्रकार का है : (1) वज्रऋषभ-नाराच संहनन, (2) वज्रनाराच संहनन, (3) नाराच संहनन, (4) अर्द्धनाराच संहनन, (5) कीलक संहनन, (6) असम्प्राप्तासृपाटिका संहनन। नसों से हाड़ों को बाँधने का नाम ऋषभ या वृषभ है, नाराच नाम कीलने का है और हाड़ों के समूह का नाम संहनन है। तात्पर्य यह, जिस नाम कर्म के उदय से वृषभ, कील और अस्थिपंजर तीनों ही वज्र समान अभेद्य हों, उसे वज्रऋषभ-नाराच संहनन कहते हैं। दूसरा, जिसके नाराच और संहनन तो वज्रमय हों, परन्तु वृषभ सामान्य हो। तीसरा, जिसके हाड़ तथा सन्धियों के कीले तो हों परन्तु वज्रमय न हों। चौथा, जिसकी हाड़ों की सन्धियाँ अर्द्धकीलित हों। पाँचवाँ, जिसके हाड़ परस्पर कीलित हों, और छठा, जिसकी हाड़ों की सन्धियाँ कीलित तो न हों, परन्तु नसों स्नायुओं और मांसपेशियों से बँधी हों। इसी प्रकार पूरी शरीर-रचना (Anatomy) नाम-कर्म के उदय से निर्धारित होती है। तपस्या की दुर्धरता शरीर-रचना की मजबूती की अपेक्षा से ही सम्भव है। शारीरिक स्वास्थ्य

की अपेक्षा को अनदेखा कर तपस्या, मोक्ष तो दूर बहुत-सी दुखद समस्याओं की धात्री हो जाती है। भगवान महावीर का शरीर वज्रऋषभ-नाराच संहनन का था। अतः उनकी तपस्या दुर्धर थी। वहीं गौतम बुद्ध वैसी दुर्धर तपस्या नहीं झेल पाये, और वह मध्यम मार्ग के उपदेष्टा हो गये। बहरहाल, ग्रन्थि-भेदन तपस्या से ही होता है, और तपस्या शारीरिक स्वास्थ्य और रचना के अनुसार ही हो सकती है। अतः तपस्या प्रत्येक साधक को देश-काल-परिस्थिति को यथार्थतः समझकर ही करनी चाहिए। स्वास्थ्यरक्षा, सन्तुलित आहार आदि की देख-भाल सुनिश्चित कर महाव्रतीय दीक्षा लेना बुद्धिमानी है। तीर्थंकर देव ने अवसर्पिणी काल के पाँचवें और छठे आरे में मोक्ष की साधना शक्य नहीं बतायी है। यह आज की दुर्बल शरीर-रचना और क्षमता के मद्देनजर कहा है। ग्रन्थि-भेदन जटिल प्रक्रिया है।

ग्रन्थि-भेदन की प्रक्रिया जब दुर्धर्ष तपस्या से लागू की जाती है, तो वह काफी जोखिमपूर्ण काम हो जाता है। वस्तुतः तपस्या एक प्रकार की आक्रामक कार्यवाही है कर्म-शत्रु के खिलाफ। इस कार्यवाही में संहनन तथा अन्य मनोशारीरिक दशाएँ मजबूत होना अनिवार्य हैं क्योंकि ऐसी अवस्था में शत्रु पलट वार कर सकता है जैसा कि तीर्थंकरों के तपस्या-इतिहास से स्पष्ट है। शत्रु के आयुध-भंडार में कौन से अस्त्र-शस्त्र सुरक्षित हैं, यह सामान्य साधक को मालूम नहीं रहता। वह तो कर्मोदय के समय पर ही मालूम पड़ता है जब छिपे हुए अस्त्रों का प्रयोग अकस्मात् होने लगता है। यदि कोई कार्मिक गाँठ निःकांचित स्तर की उदीरणा हो गयी तो उससे निपटने की तैयारी होनी चाहिए। वह तैयारी भगवान पार्श्वनाथ के वज्र-ऋषभ-नाराज संहनन के रूप में तो थी, परन्तु महात्मा बुद्ध के पास उस तैयारी का अभाव था। गया के जंगल में जब मार ने पलट वार किया तो उनकी हालत खस्ता हो गयी और उन्होंने घनघोर तपस्या के मार्ग से अपना पैर खींच लिया, यह स्वयं बुद्ध देव ने मज्झिमनिकाय में लेखबद्ध कराया। आज के साधकों की मनोशारीरिक स्थिति बुद्ध से भी हीन हालात में है। अब आज कठोर तपस्या का विकल्प भी खोजना चाहिए, जैसा स्वयं बुद्ध ने भी किया उस समय, और बाद में कुछ जैनाचार्यों ने भी किया। अब हम ग्रन्थि-भेदन के हल्के विकल्प की चर्चा पर आते हैं।

आगे चर्चित होनेवाले बिन्दु कर्म-शत्रु के विरुद्ध धीमे प्रतिकार के प्रतीक हैं, जिनसे निस्सन्देह संघर्ष का अन्तिम निष्कर्ष तो जल्दी हाथ नहीं

आता, परन्तु हल्की तपस्या हेतु वांछित जिजीविषा और मनोबल जीवित रहता है जिससे दीर्घकालिक लड़ाई लड़ी जा सकती है। बिन्दु हैं—

5. परम वैराग्य, ब्रह्मचर्य, अहिंसा और सात्त्विक जीवनचर्या

परम वैराग्य का तात्पर्य है सम्पूर्ण परिस्थितिजन्य संलग्नताओं से उदासीनता। सब कुछ करते हुए और व्यस्त रहते हुए भी अन्दर से एकदम असंलग्न रहना। यह तभी सम्भव है जब सम्यक् दर्शन-ज्ञान का स्तर उच्च कोटि का होगा और धर्म-ध्यान का अभ्यास अच्छा होगा। इसी के साथ ब्रह्मचर्य के रूप में ब्रह्मज्ञान में रमना तथा मैथुन-विरत होकर सन्ततिप्रजनन और उसके पोषण-दायित्व से मुक्त रहना ग्रन्थि-भेदन के लिए जरूरी है। साथ-साथ अहिंसक भाव और कर्म के साथ सम्यक् चारित्र पालने से चित्त की सात्त्विक वृत्तियाँ ऊर्जस्वित रहती हैं। इस प्रकार भीतर और बाहर की सात्त्विकता से सहायक अनुकूल पर्यावरण निर्मित होता है और आध्यात्मिक दृढ़ता उत्पन्न होती है।

6. समर्थ सद्‌गुरु-सत्संग, सम्यक् स्वाध्याय एवं परम प्रशस्त ध्यानाभ्यास

इस बिन्दु के तीनों विकल्प बहुत महत्त्वपूर्ण हैं :

(क) समर्थ सद्‌गुरु-सत्संग : सम्यक्त्व की चर्चा करते समय प्रथमोपशम संक्रान्ति के लिए किसी समर्थ निमित्त कारण की उपस्थिति आवश्यक बतायी थी। ऐसे निमित्त के लिए समर्थ सद्‌गुरु की जरूरत है। अब विचारणीय प्रश्न यह है कि समर्थ सद्‌गुरु किसे माना जाए? इस समय कोई सिद्ध बुद्ध अरिहन्त तो मौजूद हैं नहीं, फिर सद्‌गुरु किसे कहा जाए? ठीक है, प्रथम श्रेणी का सद्‌गुरु न सही, तो बाद की श्रेणियाँ तो सुलभ हैं न! किन्तु बाद की श्रेणियों में मौजूद गुरुओं की भीड़ में से सच्चे समर्थ गुरु को पहचानना दुरूह कार्य है। उसके लिए सिफारिश है कि उपलब्ध सच्चे शास्त्र में निर्देशित सच्चे गुरु की पहचान अपने विवेक की आँखें खोलकर करनी चाहिए। किसी भी गुरु, चाहे वह कितना ही पहुँचा हुआ क्यों न लगे, अन्ध-भक्ति करने की जरूरत नहीं, बल्कि—

(ख) मुमुक्ष साधकों को स्वाध्याय पर अधिक निर्भर रहना चाहिए। स्वाध्याय का तात्पर्य किसी मान्य ग्रन्थ को पढ़ना मात्र नहीं है, बल्कि प्रत्येक

लिखे हुए शब्द-समूह पर मनन करना, चर्चा करना, शंका करना, शंका का समाधान खोजना, प्रत्येक उपलब्ध गुरु को विनयपूर्वक सुनना, उसके व्यक्त विचारों को अपने अनेकान्तवादी विवेक की तराजू पर तौलना और पूर्वाग्रह-मुक्त मानसिकता से उन्हें स्वीकारना या निर्भीकता-पूर्वक नकारना स्वाध्याय के अन्तर्गत आता है।

(ग) इसके अतिरिक्त अपनी दर्शन-ज्ञान क्षमता को बढ़ाने के लिए परम प्रशस्त ध्यानाभ्यास भी जरूरी है। प्रशस्त ध्यान दो हैं—धर्म-ध्यान और शुक्ल-ध्यान। इन दो प्रशस्त ध्यानों में दूसरा शुक्ल ध्यान परम प्रशस्त ध्यान है। परम प्रशस्त ध्यान से ही मोक्ष की प्राप्ति होती है। उसी ध्यान से ग्रन्थि-भेदन-क्रिया निर्णायक रूप में पहुँच पाती है। किन्तु शुक्ल ध्यान की अन्तिम भूमिका तक पहुँचने के लिए काफी मजबूत संहनन और मनोशारीरिक स्वास्थ्य की जरूरत है। क्योंकि शुक्ल-ध्यान की अन्तिम भूमिका को छूते ही एक अन्तर्मुहूर्त अवधि में ही केवल-ज्ञान प्रकट हो जाता है, किन्तु उसके पूर्व भव-भव का जमा कर्म-बन्ध उदित होकर निर्जरित होता है। उसमें ही मार अपनी अन्तिम लड़ाई लड़ता है। वह लड़ाई चाहे कमठ के रूप में हो या ग्वाला के रूप में, किन्तु वह भीषण होती है। ग्रन्थि-भेदन के लिए यह सब जरूरी है।

7. ध्यान-प्रक्रिया का विस्तृत अध्ययन अगले अध्यायों में करेंगे। सम्प्रति अन्तिम बिन्दु के रूप में कहना है, कि ग्रन्थि-भेदन तपस्या के लिए शान्त, उपद्रवरहित, प्रबुद्ध, सहयोगी, सामाजिक वातावरण की आवश्यकता है, ताकि साधक बाहरी दायित्वों और दबावों से मुक्त होकर एकाग्र चित्त से तपस्या कर सके और अन्तरंग के प्रतिरोधों और अन्तरायों से लड़ सके। ग्रन्थि-भेदन तपस्या वस्तुतः व्यक्तिपरक साधना है। मुक्ति व्यक्ति को ही मिलती है, समूह को नहीं। इसलिए पुरुषार्थ भी व्यक्ति को ही करना होता है। समाज केवल उसके आधार पर खड़ा रहता है। पूरे समाज के सहयोगी अनुकूल वातावरण से उभरकर व्यक्ति ही ऊपर आता है और वह पूरे सामाजिक पिरामिड का मोक्षोन्मुख सन्देश-वाहक नेता बनता है।

संवर का उपसंहार

उपर्युक्त विवेचन से स्पष्ट हुआ कि सामान्य संसारी जीवन की क्रमबद्ध पर्यायों के अनादि अनन्त इतिहास में सम्यक्त्व के उदय से संक्रान्ति ने जन्म

लिया और जीवन में महज बदलाव की जगह विकास का क्रम शुरू हुआ। पुरुषार्थ का अंकुर फूटा, अस्तित्व में दिशाबोध जागा। आस्रव-बन्ध की अन्धी सक्रियता में प्रबुद्धता ने जुम्बिश ली। आस्रव पर छन्ना लगाया गया, सेंसर बिठाला गया। आस्रव के तीनों द्वारों पर अनुशासक पुलिस नियुक्त की गयी और अनास्रवीकरण लागू हुआ। बन्ध की गुणात्मकता में सुधार हुआ और उसमें पुण्यबन्ध की मात्रा बढ़ी, पापबन्ध की हानि होना शुरू हुई। मोक्ष की भूमिका तैयार होने लगी। अब जमा हुए कचरे की सफाई की बारी आयी। कचरा बहुत पुराना ढेर, दुर्गन्ध और परजीवी प्रदूषण की छूत से आक्रान्त, परजीवी जड़ जमाये विषैले तत्त्वों से भरपूर—उसे साफ किये बिना अस्तित्व की मुक्ति सम्भव नहीं है। अतः कठोर पुरुषार्थ की सीधी आक्रामक कार्यवाही का बिगुल फूँक दिया गया और तपस्वी योद्धा अपने तीर्थंकरों और बुद्धों के नेतृत्व में मैदान में आ गये और निर्जरा का सफाई अभियान शुरू हो गया। शुद्ध भूमि से अतिक्रमण हटाये जाने लगे। बुलडोजर घर-घराने लगे। चीख-पुकार शुरू हो गयी। पलटवार होने लगे और धर्मयुद्ध चल पड़ा। ग्रन्थि-भेद होते-होते एक युग बीत गया। बड़े नेता सिद्ध बुद्ध अरिहन्त रिटायर होकर सिद्ध-लोक जा चुके हैं। अब छुटभैये नेताओं का जमाना आ गया है। अब कठोर तपस्या का समय बीत गया। यह अवसर्पिणी का पंचम काल आ चुका है। छठा भी बीस हजार वर्ष बाद आ जाएगा। सोचो, क्या करना है।

तपस्या पर आधुनिक ऊहापोह

1. तत्त्वार्थ-अधिगम-सूत्र जैसे सर्वमान्य मानक ग्रन्थ में 'तपसा निर्जरा च' (9-2) सूत्र में तप का महत्त्व रेखांकित किया गया है। इसके पूर्व आस्रव-निरोध संवर के लिए (9-1) और तीन गुप्ति, पाँच समिति, बारह धर्मानुप्रेक्षाएँ, बाईस परीषहजय और पाँच प्रकार के चारित्रपालन का निर्देश रेखांकित है (9-2)। आगे भी तपस्या अन्तरंग और बहिरंग रूप से निर्देशित है। अन्तरंग तप स्वनिष्ठ निजी स्तर पर सत्यापनीय क्रियाकलाप है। बहिरंग तप बाहर दर्शनीय, वस्तुनिष्ठ सत्यापनीय द्रव्यतप है। अब विसंगति की गुंजाइश यहीं बनती है। एक प्रकार का तप स्वनिष्ठ रूप से सत्यापनीय है और दूसरा प्रकार वस्तुनिष्ठ सत्यापनीय। दोनों तपों के अलग-अलग मॉड्यूल और मापदंड हैं। अब किस मॉड्यूल के प्रति निष्ठावान साधक सच्चा तपस्वी है, और वह कितना सच्चा है—यह तय कैसे हो? कोई व्यक्ति अन्तरंग

तपरूप प्रबुद्ध स्वाध्याय तथा प्रशस्त ध्यानाभ्यास में बहुत पीछे है, किन्तु बाहरी चारित्र और परीषहों को जय करने में काफी आगे है, क्या वह अनुकरणीय बड़ा तपस्वी है? या दूसरा जो साधक परीषहजय का अधिक आडम्बर न पालकर धर्मध्यान करने में सिद्धहस्त है और शुक्लध्यान की प्रारम्भिक भूमिका तक पहुँचने की कोशिश कर रहा है, उसे बड़ा अनुकरणीय तपस्वी कहा जाए? यह बड़ा विवादित मुद्दा है आज।

2. विसंगति की खाई और अधिक चौड़ी इसलिए हो रही है, कि आज का मनुष्य आधुनिक वैज्ञानिक तकनीकी का अभ्यस्त हो रहा है और मनुष्यों का एक वर्ग इतना अधिक मेधावी हो रहा है कि वह वस्तुसत्य की अचिन्त्य बारीकियों का विमर्श करने में समर्थ है। कम्प्यूटर से सुपर कम्प्यूटर तक का रेंज इतना बड़ा हो गया है जिसे कभी सोचा भी नहीं गया था और मेधा की सूक्ष्म पकड़ किस सीमा तक पहुँचेगी, सोच पाना मुश्किल है। क्या ऐसा मेधावी परावैज्ञानिक उन बाल-तपस्वियों के चरणों में बैठकर जीवन के बारे में दिशानिर्देश ले? क्या यथाकथित तपस्वी जन उन मेधावी लोगों की एक भी शंका का समाधान करने की स्थिति में हैं? जवाब चाहिए।

3. आज यथाकथित तपस्वी जन बाह्य वेष शास्त्रोक्त बनाकर विभिन्न क्रियाकलापों का नेतृत्व कर रहे हैं। रथयात्राएँ, कर्मकांडी खर्चीले आयोजन कर रहे और करवा रहे हैं। विभिन्न प्रकार के जुलूस और रैलियाँ कर रहे हैं, अहिंसा के नाम पर कुम्भ आयोजित कर लाखों की भीड़ को सम्बोधित कर रहे हैं। तो प्रश्न है कि यह सब व्यायाम मोक्ष साधने के लिए हो रहा है? शास्त्रों में तपस्या का विधान मोक्ष के लिए किया गया है। मोक्ष की साधना एकाकी साधना होती है, भीड़ की नहीं। तो यह आज की हो रही तपस्या ग्रन्थि-भेद की जगह कौन-सा लक्ष्य-बेध कर रही है?

4. तपस्या के इस दिखावे से मुझे लगता है निर्जरा तो दूर, अनास्रवीकरण भी ठीक से नहीं हो रहा है। इसलिए सोचने की जरूरत है कि जिन बाईस परीषहों की सूची दी गयी है उन्हें यदि निष्ठापूर्वक जय भी किया जाता है तो उससे कोई तात्त्विक उपलब्धि होती है। संकल्प-पूर्वक परीषहों को जीनते से कष्ट सहने और विपरीत परिस्थितियों में समता धारण करने का अभ्यास पुष्ट होता है। ये वैयक्तिक चारित्र के सद्गुण हैं। परन्तु इन अच्छे अर्जित गुणों की नुमाइश लगाकर समाज का नेतृत्व-लाभ लेना मुनिचर्या और उसके उद्देश्य के कितना अनुकूल है, यह विचारणीय प्रश्न है।

5. श्रमण मुनि सामाजिक क्रियाकलाप में किस हद तक संलिप्त हो, यह सोचना है, क्योंकि जैन मुनि सामाजिक कार्यकर्ता नहीं होता है। सामाजिक दायित्वबोध के लिए अनेक सामाजिक संस्थाएँ और संगठन अस्तित्व में हैं जो सामाजिक दायित्वों को अच्छी या बुरी तरह निभा रहे हैं। मुनि संस्था कोई सामाजिक संस्था नहीं है। इसका उद्देश्य, सच पूछो, लौकिक है ही नहीं। यह लोकोत्तर उद्देश्यपूर्ति के लिए बनाई गयी है। यदि यह संस्था भी लौकिक जीवन को उन्नत बनाने के लिए प्रतिबद्ध हो गयी, तो आखिर लोकोत्तर जीवन की चिन्ता कौन करेगा? फिर प्रश्न उठेगा, कि श्रमण जैन धर्म के सरोकार क्या हैं? उसकी प्रासंगिकता क्या है? शायद इसीलिए आचार्य महाप्रज्ञ ने गृहस्थ साधुओं पर जोर देना शुरू कर दिया है। उन्होंने गृहस्थ साधु-संस्था को समण-समणी नाम दिया है। यह उनका नया प्रयोग है। उन्होंने नयी दिशा में सोचा तो है।

6. तपस्या के द्वैत से ही दो तरह के मुनि सामने आये : (1) भावलिंगी मुनि, (2) द्रव्यलिंगी मुनि। भावलिंग आन्तरिक तपस्या से प्रतिबद्ध, और बाहर से अलिप्त साधारण साधु-चर्या, महाप्रज्ञ जी के शब्दों में, गृहस्थ साधु है। द्रव्यलिंग बाहर से शास्त्रोक्त कठोर चर्या से प्रतिबद्ध, परन्तु अन्तरंग में ध्यानाभ्यास से शून्य साधु है। इस प्रकार सिद्धान्ततः दोनों ही लिंग अधूरे हैं, परन्तु व्यवहारतः द्रव्यलिंग अधिक जोखिमपूर्ण स्थिति में है, क्योंकि प्रकटतः वह पूर्ण साधु है जबकि वास्तव में वह वैसा नहीं है। सामान्य श्रावक उस मुनि को पूर्ण साधु समझकर नाना अपेक्षाएँ कर उठते हैं। द्रव्यलिंगी मुनि अपनी प्रतिष्ठा बचाने के मोह में आडम्बर और ढोंग ओढ़ उठता है, कुछ मिथ्यात्व-साधना स्वरूप तन्त्र-मन्त्र, गंडा, ताबीज, झाड़-फूँक और आशीष देना आदि कर वह साधु मिथ्यादृष्टि होकर अपना परभव तो बिगाड़ता ही है, जैन साधना को भी बदनाम करता है। इन द्रव्यलिंगी साधुओं की पहचान कर उन पर लगाम कैसे कसी जाए, यह एक महत्त्वपूर्ण प्रश्न है आज प्रबुद्ध धार्मिक समाज के सामने।

7. अब प्रश्न आता है परीषहजय और उपसर्ग-निवारण का। ध्यातव्य है, शास्त्रोक्त परीषह बाईस हैं, यथा—(1) क्षुधा, (2) तृषा, (3) शीत, (4)उष्ण, (5) दंशमशक, (6) नाग्न्य अथवा नग्नता, (7) अरति, (8) स्त्री, (9) चर्या, (10) निषद्या, (11) शय्या, (12) आक्रोश, (13) बध, (14) याचना, (15) अलाभ, (16) रोग, (17) तृणस्पर्श, (18) मल, (19)

सत्कारपुरस्कार, (20) प्रज्ञा, (21) अज्ञान और (22) अदर्शन। (तत्त्वार्थ सूत्र 09-9)। परीषहों की तरह उपसर्गों की कोई सूची निर्धारित नहीं है। दोनों का अन्तर यह है कि परीषहें प्रकृतिजन्य और मानवकृत होती हैं, जिन्हें यदि साधक चाहे तो किनारे कर सकता है या उन पर विजय पा सकता है, परन्तु उपसर्ग पशु, मनुष्य या व्यन्तर देवों द्वारा जानबूझ कर साधक के विरुद्ध पैदा की गयी चुनौतियाँ हैं, जिन्हें विधानतः मुनि अपने मन और शरीर से समतापूर्वक सहने या झेलने के लिए प्रतिबद्ध है। पूरा जैन इतिहास साधक-मुनियों के परीषह और उपसर्ग-जय की गौरवगाथाओं से भरा हुआ है। आज भी कुछ मुनि सच्चे अर्थों में परीषहजय करते हैं। परन्तु उपसर्ग-विजय की नौबत नहीं आती, क्योंकि उपसर्गों की चुनौती के विरुद्ध श्रावकों द्वारा रचित सुरक्षा-कवच पहले से तैयार रहता है। वे परीषहजय के लिए भी यही सुरक्षाकवच सुविधाएँ सुलभ करने के लिए तैयार है। तो अब प्रश्न है, कि सुरक्षा कवचों के साये में तपस्या करना या उसके शो आयोजित करने की प्रासंगिकता क्या है? और इस शो-आयोजन से तपस्या के मूल उद्देश्य यानि मोक्ष-प्रप्ति की पूर्ति किस हद तक सम्भव है? लगता है, सच्चे अर्थों में ग्रन्थि-भेदन की तपस्या अब दूर की कौड़ी हो गयी है।

फिर भी मैं तपस्या की उच्च भूमिका के आगे नतशिर हूँ। मेरा आशय तपस्या के मूल्य को कम करना कदापि नहीं है, बल्कि मेरा सविनय निवेदन यह जरूर है कि तपस्या के मूल्य को बदली परिस्थितियों में पुनः परिभाषित कर पुनर्मूल्यांकित करना चाहिए, जैसा महात्मा गाँधी ने राजनीति के लौकिक क्षेत्र में अहिंसा का प्रयोग करके किया। जहाँ तक ग्रन्थि-भेदन क्रिया का प्रश्न है उसके लिए तपस्या के पुराने तरीके के साथ नयी वैज्ञानिक तकनीकी का प्रयोग आजमाया जा सकता है। जिस प्रकार असामान्य मनोचिकित्सा के क्षेत्र में सिजोफ्रेनिया की चिकित्सा के लिए सोचा जा रहा है कि सिजोफ्रेनिक सिंड्रोम को लेजर-थिरेपी या इसके भी आगे नाभिकीय विकरण की सहायता से तोड़ दिया जाए। यह भी एक प्रकार का ग्रन्थि-बेध है। तो क्या जो परिणाम तपस्या की जटिल प्रक्रिया से हासिल किया जाता रहा है वही परिणाम आधुनिक तकनीकी की मदद से प्राप्त करने की नहीं सोचना चाहिए? कर्म-ग्रन्थियों के सूक्ष्म स्कन्ध, जो कार्माण शरीर के घोर अन्धकारमय अचेतन लोक में सो रहे हैं या अपनी अतृप्त चाहों के स्वप्न देख रहे हैं, उन्हें सुपरकम्प्यूटर की आँखों से देखकर उनके सूक्ष्म अस्तित्व को बेधकर

निर्जरित किया जाए। अगर इस प्राक्कल्पना पर प्रॉजेक्ट बनाकर काम शुरू किया जाए तो यह बहुत बड़ी क्रान्ति हो सकती है। फिर तो तपस्या की जटिल प्रक्रिया से भी मुक्ति मिल सकती है और मोक्ष का मार्ग भी प्रशस्त हो सकता है।

अस्तित्ववादी चिन्तन का उपसंहार

क्या दु:ख या त्रास से आत्यन्तिक निवृत्ति सम्भव है?

प्रश्न दो-टूक और गम्भीर है। दो-टूक प्रश्न का उत्तर दो-टूक ही होना चाहिए। लेकिन अभी हम थोड़ी और प्रतीक्षा करना चाहते हैं। पहले मानवीय नियति के चिन्तन का सिंहावलोकन कर लें।

पारम्परिक चिन्तन ने जीवत्व की नियति सम्बन्धी जिन दो धाराओं का निर्धारण किया, वस्तुत: कर्म-निरपेक्ष हैं। अस्तित्व का पारिणामिक भाव जीवत्व की जान है जो भव्यत्व और अभव्यत्व की नियति से जुड़ा हुआ है। भव्यत्व, जो आत्यन्तिक दु:ख-मुक्ति की सम्भावना की नियति बाँधे हुए है और अभव्यत्व, जो दु:ख की अनादि-अनन्त शृंखला से जुड़ा मात्र जीने के लिए अभिशप्त है। इस प्रकार अस्तित्व भव्य और अभव्य दो नियति-धाराओं से सम्बद्ध है। यह उसका वस्तु-स्वभाव है। यह वस्तु-स्वभाव दो खेमों में विभक्त क्यों है जब सम्पूर्ण जीवद्रव्य मूल रूप से एक समान हैं? इस शंका का उत्तर परम्परा के पास गोलमोल है, स्पष्ट नहीं। अब भव्यों की कोटियाँ देखिए—निकटतम भव्य, निकट भव्य, अनिकट दूर भव्य तथा दूरातिदूर भव्य। निकट भव्य वह आत्मा है, जिसकी नियति अधिक से अधिक दस भवों के पार मोक्षगामी होने की है। इसमें भी निकटतम भव्य वह है जो अगले जन्म में ही सम्यक् सम्बुद्ध होने वाला है। अनिकट दूर भव्य की नियति तय नहीं कि वह कब बुद्धत्व के समीप पहुँचेगा। और अन्तिम कोटि दूरातिदूर भव्य को व्यावहारिक दृष्टि से देखें तो उसकी नियति अभव्य के ही समकक्ष है। वह सिद्धान्तत: परम शुद्ध होने के प्रारब्ध से जुड़ा जरूर है, परन्तु वह व्यवहारत: वैसा कभी नहीं होगा। नियति की ऐसी ही संकल्पना श्रमण-परम्परा ने की है। इस संकल्पना के

अनुसार नियति के पिरामिड पर सबसे ऊपर अतिनिकट भव्य अथवा बोधिसत्त्व विराजमान है जिन्हें अगले भव में ही जिन-केवली अथवा सम्यक् सम्बुद्ध होना है। उसके नीचे पायदानों पर निकट भव्य, अनिकट भव्य और दूरातिदूर भव्य हैं और पिरामिड के आधार पर अभव्य जीव राशि है। यह सारे जीवों की नियति का एक सामान्य नक्शा है।

इस नक्शे का थोड़ा-सा विशदीकरण और। जीवों का भव्य और अभव्य का बँटवारा जीवों की क्रूर नियति का चेहरा है। जीवों के लिए थोड़ी-सी राहत इस सम्भावना से है कि उन्हें दुःखों से मुक्त होने का अवसर कभी मिल सकता है यदि उनकी स्थिति सही एवं कठोर तप या पुरुषार्थ करने की हो सकी। तपस्या करने और अनुकूल नैमित्तिक परिस्थिति बनने का सुयोग होने पर ही दुःख-निवृत्ति की सम्भावना बन सकती है। इतने की पूर्ति के बाद ही सिद्ध-शिला पर विराजमान होने का अवसर सुलभ हो सकता है। बिना पुरुषार्थ किये मात्र किसी कृपा का निमित्त पाकर मोक्ष पाने का विधान श्रमणसाधना में नहीं है। यह स्थिति तो है कुछ थोड़े से भव्य जीवों की। अभव्य जीवों का तो कोई पुरसाँहाल ही नहीं। अब इस विशाल, कहो, विराट जीवराशि में भव्यों और अभव्यों का प्रतिशत क्या है, और उनकी दो टूक पहचान क्या है? यह कुछ नहीं कहा जा सकता। यह केवल सर्वज्ञ जिनकेवली ही जान और बता सकते हैं, अन्य और कोई नहीं। इसके साथ यह भी कहा जाता है कि जो जीव जिनकेवली के सम्पर्क में सृष्टि में कहीं और कभी आ जाता है वह जीव अभव्य नहीं होता, भले ही वह तत्काल सम्यग्दृष्टि न हो सका हो। अभव्य अलग-थलग पड़ा अभागा जीव होता है जिसे कभी सुधर्म और जिनकेवली के आभामंडल का संयोग नहीं मिलता। अब इस क्रूर सत्य का परिणाम यह है कि मानव और अन्य सभी जीवों की नियति सर्व दुःखम् की ही है। बस थोड़ी-सी आशा की किरण पुरुषार्थ करने में शेष रहती है। सृष्टि के इस क्षेत्र जिसमें हम हैं, अवसर्पिणी काल की निर्धारित नियति के अनुसार हमें पुरुषार्थ करने की क्षमता और मानसिकता अपने क्षयोपशम के अनुसार ही मिलती है, जो इस सम्भावना का निर्धारण करती है कि कोई व्यक्ति किस सीमा तक मुक्त हो सकता है।

इस सन्दर्भ में मैं थोड़ी चर्चा भक्तियोग की करना चाहता हूँ। भक्तियोग प्रभु-कृपा पर बहुत जोर देता है। उसका कहना है कि साधक का एक मात्र कर्तव्य सब कुछ छोड़कर प्रभु की शरण में समर्पित हो जाना है। सम्पूर्ण

भक्ति से प्रभुकृपा सुलभ हो जाती है और उस कृपा के सहारे भक्त की दुःख-निवृत्ति का मार्ग प्रशस्त हो जाता है। ध्यान देने योग्य बात यह है कि प्रभुकृपा से ही दुःखी जीव के घोर अन्धकारग्रस्त अस्तित्व में दिव्य ज्योति की प्रथम किरण का प्रकाश कौंधता है जिसे देखकर भक्त भाव विह्वल होकर प्रभु की शरण में जा गिरता है। ऐसी स्थिति में प्रभु उसे अपने अंक में भर लेते हैं। फिर क्या होता है? वही जो श्रीहरि ने राजा मुचुकुन्द के साथ किया। राजा मुचुकुन्द ने, पुराणकथा है, कालयवन का उसकी नियति के अनुरूप श्रीहरि के साक्षी में संहार कर दिया और उसके बाद उसने प्रभु की शरण में पूर्ण समर्पण कर दिया। उसके बाद श्रीहरि ने मुचुकुन्द को अपनी शरण में लेकर निर्देश दिया कि वह एक पर्वत पर जाकर तपस्या करे। चूँकि उसे प्रभु की कृपा मिल चुकी थी, मुचुकुन्द तपस्या के बाद दुःख से आत्यन्तिक मुक्त हो गया। देखने योग्य बात यह है कि जब मुचुकुन्द को प्रभुकृपा पूरी मिल चुकी थी तो उसे तपस्या करने की जरूरत क्या थी? स्पष्ट ही भक्तियोग भक्ति और प्रभुकृपा के साथ तपस्या के महत्त्व को नकारता नहीं है। दुःख से मुक्ति तभी होगी जब प्रभुकृपा के साथ वांछित पुरुषार्थ या तपस्या की जाएगी। तपस्या के बिना भक्ति, समर्पण आदि अधूरे विकल्प हैं।

जैन साधना में प्रथमोपशम संक्रान्ति का ऐसा ही क्षण है जिसमें अनुकूल उपादान के साथ सम्यक्त्व उत्पन्न होने के लिए समर्थ गुरु और काललब्धि का योग होता है। प्रथमोपशम प्रभुकृपा के समतुल्य भाग्यवान क्षण है, जिसके बाद जीव मिथ्यात्व-अन्धकार का भेदन प्रथमोपशम की पहली किरण से करता है। भले ही वह फिर उसी अन्धकार सागर में गोता लगाए, लेकिन चूँकि उसे प्रभु-कृपा मिल चुकी है, वह अन्धकार को फिर चीरता है। उसे अन्धकार चीरने की तकनीक मालूम हो चुकी है। उसके कल्याण का मार्ग प्रशस्त हो चुका है। और वह क्रमशः पूर्ण संयत गुणस्थान के अन्तिम पायदान पर द्वितीयोपशम संक्रान्ति के क्षण का लाभ लेकर अपूर्वकरण लब्धि प्राप्त कर दुःख की आत्यन्तिक निवृत्ति की मंजिल की ओर बढ़ जाता है।

उपर्युक्त कथन से यह स्पष्ट हुआ, कि जीव भव्य हो या अभव्य, अधिकांशतः वे त्रस्त रहने के लिए अभिशप्त हैं। बहुत थोड़ी संख्या उन भाग्यवानों की है जो अपने पुरुषार्थ के बलबूते अनुकूल निमित्तों के योग से कर्म-बन्धन से आत्यन्तिक मुक्ति प्राप्त करते हैं। शेष भव्य एवं अभव्य

दोनों कर्म-बन्धन की त्रासदी भोगने के लिए अभिशप्त हैं। इसी कर्म-बन्ध के भवचक्र में कुछ प्रकृतियाँ सुखकारी हैं, शेष सब दुखकारी। यद्यपि जो प्रकृतियाँ सुखकारी हैं, वे केवल अस्थायी कर्मोदय-काल-पर्यन्त सुख चैन की कारण हैं। शेष कर्मों की सम्पूर्ण शृंखला दुःख या त्रासकारी ही है। ये समय-समय पर जो सुख के पैबन्द लगे हुए दिखाई पड़ते हैं वे केवल कुछ अन्तराल के चिथड़ा सुख हैं जिनकी झूठी चाह में जीव पागल रहता है और आने-वाले भीषण कर्मोदय के दुःख को भूले रहता है। सतत त्रासकारी शृंखला में यदि जीव को सम्यक्त्वपूर्ण सद्‌बुद्धि और विवेक मिल गया तो जीव सद्‌धर्म की शरण लेकर समता भाव धारण कर यथाशक्ति प्रशस्त पुरुषार्थ करते हुए अनास्रवीकरण से पुण्य-संचय का भागीदार बन सकता है, जिससे अगले भव में कभी इतनी सामर्थ्य जुट सके कि वह यथोचित तपस्या कर ग्रन्थि-भेदन के द्वारा दुःख या त्रास से आत्यन्तिक मुक्ति प्राप्त कर सके। तब तक यह कहावत चरितार्थ करते रहना चाहिए—

They also serve God who calmly stand and wait.

अस्तित्व की न्याय-प्रक्रिया

जैसा पूर्व में कहा, आकाश-काल की युति पर मूर्त-अमूर्त द्रव्यों का सहवास अस्तित्व है। यह अस्तित्व इकाई रूप में अस्तिकाय है। अस्तिकाय स्वरूपतः शुद्ध और अशुद्ध दो प्रकार का बनता है। इन्हीं शुद्धाशुद्ध अस्तिकायों में जीवास्तिकाय ही ऐसा अस्तित्व है, जो सोचता है, देखता और जानता है। यह उसका असाधारण गुण है, स्वभाव है एवं स्वभाव स्वानुभूतिमय है। इसी स्वानुभूतिमय स्वभाव से चिन्तन-स्वरूप न्याय-प्रक्रिया का जन्म होता है। न्यायिक चिन्तन अस्तित्व-चेतना के देखने और सोचने का परिणाम है। पूर्व-स्थापित स्वयंसिद्धियों के परिप्रेक्ष्य में सार्थक सोचना और स्वयंसिद्ध आधारों से निष्कर्ष तक पहुँचना ही न्याय या तर्कणा कहलाता है। यह तर्कपूर्ण सोच ही प्रमाण है। सार्थक और वैध तरीके से सोचना और स्थापित प्रदत्तों से निष्कर्ष तक पहुँचना प्रमाण है। इस तरह प्रामाणिक सोच-प्रक्रिया अपने मूल स्रोत आत्म-द्रव्य से प्रस्फुटित होकर कई मंजिलें पार कर प्रमिति या निष्कर्ष तक पहुँचती है। वे मंजिलें हैं:

1. पूर्व मान्य स्वयं-सिद्धियाँ, यथा—जीव और अजीव अस्तिकाय।
2. अस्तिकायों पर आधारित चिन्तन-प्रक्रिया के मूल नियमों का निरूपण, यथा—(क) अस्तित्व का तादात्म्य-नियम, (ख) अस्तित्वों के विरोध का नियम तथा (ग) अस्तित्वों के सहवर्तित्व का नियम।
3. चिन्तन के उपरिलिखित मूल नियमों पर आधारित अस्तित्व की क्रमबद्ध पर्यायों की अनुक्रमता और कारणता का नित्य परिणमन का नियम।

व्याख्या

1. स्वयं-सिद्धियाँ पहले ही स्पष्ट की जा चुकी हैं। आत्म-द्रव्य का धनात्मक और ऋणात्मक सोच-तन्त्र ही जीव, पुद्‌गल, धर्म, अधर्म, आकाश, काल द्रव्यों को स्थापित करता है और उन्हें अस्तित्ववाद की स्वयंसिद्ध पूर्व-मान्यताएँ मानता है।

2.(क) उपर्युक्त पूर्वमान्यताओं के आधार पर प्रत्येक अस्तित्व-इकाई अविच्छिन्न रूप से, 'जो है सो है' रहती है। वह अपनी मूल पहचान से कभी भी वियुक्त नहीं होती। यह अस्तित्व का तादात्म्य-नियम है। यह हमारे चिन्तन का मूलाधार है। यदि किसी वस्तुसत्य में तादात्म्य का नियम लागू न हो, तो वस्तुसत्य के बारे में सोचना और किसी निष्कर्ष पर पहुँचना सम्भव नहीं हो सकता।

(ख) प्रत्येक अस्तित्व-इकाई की अपनी मौलिक पहचान है। उसी पहचान की खातिर प्रत्येक इकाई दूसरी से अलग और विलक्षण है। उनमें सत्तागत विरोध है। जैसे कहें—

क क है (तादात्म्य का नियम)
क अ-क नहीं है। (विरोध का नियम)

क्योंकि क और अ-क में शाश्वत सत्तागत विरोध है। तात्पर्य यह है कि क और अ-क एक साथ एक ही वस्तु-इकाई में सत्य नहीं हो सकते। यदि कोई अस्तित्व मनुष्य संज्ञा से जाना जाता है, तो वह उसी समय अमनुष्य नहीं हो सकता। मनुष्य मनुष्य ही है, अमनुष्य नहीं। दो परस्पर व्याघाती विकल्प नियमतः एक साथ सत्य नहीं हो सकते।

(ग) दो व्याघाती विकल्प एक साथ सत्य नहीं हो सकते, तो प्रश्न होता है कि क्या वे विकल्प एक साथ असत्य हो सकते हैं? क्या यह सम्भव है कि क न मनुष्य है, न अ-मनुष्य? सोचने की प्रक्रिया कहती है, नहीं ऐसा नहीं हो सकता, कि दो व्याघाती विकल्प एक साथ असत्य हो जाएँ। दो व्याघाती विकल्प न तो एक साथ सत्य हो सकते हैं न एक साथ असत्य। दो व्याघाती विकल्पों में से नियमतः एक सत्य होगा, दूसरा असत्य।

यथा-क क है (तादात्म्य)
क अ-क नहीं है (विरोध)
क या तो क है या अ-क (विरोध)
अथवा यदि क क नहीं है तो अ-क है।

इस प्रतीक-कथन से यह स्पष्ट हुआ, कि प्रत्येक अस्तित्व-इकाई अपना तादात्म्य स्थिर रखते हुए परस्पर इकाइयों का सत्तागत विरोध पालती है और विरोध के बीच मध्यावस्था का लोप करते हुए सत्ताओं का सहवर्तित्व सुनिश्चित करती है। न्यायिक सोच इसी प्रकार वस्तुसत्य के सत्तागत विरोध-अविरोध को लेकर अस्तित्व के अनेकान्तिक चरित्र का उद्‌घाटन करता है।

3. अस्तित्व का द्रव्य-सत्य कालातीत शून्य की अचिन्त्य अनिर्वचनीय निस्सीमता के कगार पर आकर व्यवहार की चादर ओढ़ कर पर्यायों का खेल शुरू करता है। वह अनुक्रमता की कभी न टूटने वाली श्रृंखला का निदर्शन करता है। पर्यायों की नित्य क्रमबद्धता अस्तित्व की मूल पहचान बनती है। चिन्तन-प्रक्रिया वस्तु-सत्य की इसी नित्य अनुक्रमता की पूर्वापेक्षा लेकर कारणता के सामान्य नियम से अनुशासित रहती है। साथ ही आकाश-द्रव्य की अपेक्षा से प्रत्येक अनुक्रमित पर्याय द्रव्य के व्यक्त गुणों का अधिकरण भी बनती है। गुणों का अधिकरण बनकर पर्याय अस्तित्व की औपचारिक रूप-सज्जा न रहकर ठोस यथार्थ द्रव्य हो जाती है। इस प्रकार ठोस यथार्थ अस्तित्व अपने द्रव्य और भाव (गुण) को आकाश (क्षेत्र)-काल की अपेक्षा से जोड़ देता है। अस्तित्व का चिन्तन द्रव्य, भाव, क्षेत्र, काल की अपेक्षा चतुष्टय के चौखटे में बँध जाता है।

द्रव्य, भाव, क्षेत्र, काल ही वस्तुत: अस्तित्व की यथार्थता के चार पाये हैं, जिनकी अपेक्षा से ही अस्तित्व के बारे में सोचा जा सकता है। काल की अपेक्षा से द्रव्य विराट शून्य के अथाह ध्रौव्य से उबर कर काल के तटस्थ बिन्दु पर गुण और पर्यायों का रूप धारण करता है। इसी बिन्दु से सत्ता की धन और ऋण सीरीज की अनन्त गणना प्रारम्भ होती है। इस प्रकार शून्य के तटस्थ बिन्दु पर कई एक अनन्त सीरीज अनन्त दिशाओं के द्वार खोलती हैं। क्षेत्र के फैलाव में अनन्त प्रदेश, अनन्त पर्यायों का उत्पाद-व्यय, फिर इनकी धनात्मक और ऋणात्मक दिशाओं के अनन्त आयाम और इन अनन्त आयामों के चक्राकार अव्यक्त शून्य की अनन्त गहराई में विलय, यह सब अस्तित्व के अनन्त धर्मात्मक आयमों का विहंगम दृश्य है जिसे आत्म-द्रव्य की कैवल्य-दृष्टि देखती और जानती है। इसीलिए यह कैवल्य-दृष्टि ही प्रमाण है और इस दृष्टि के अस्तित्वगत अनन्त आयामों को देखने-जानने के कोण उसके नय हैं। यह प्रमाण और नय का चिन्तन ही अस्तित्व

की न्याय-प्रक्रिया है।

अनन्तधर्मी अस्तित्व की कैवल्य-दृष्टि आत्म-द्रव्य का दर्शन गुण है, जो द्रव्य-सत्य के वचनातीत शून्य के ध्रौव्य की अनन्त गहराई को देखता भर है। यह सम्पूर्ण सत् का देखना मात्र न्याय-प्रक्रिया का प्रमाणसत् है जो स्वयं सिद्ध और स्वतः प्रमाणित है। इसी स्वयंसिद्ध प्रमाण के आधार पर जानने का क्रम सहवर्ती रूप से चल पड़ता है। जानना चूँकि सापेक्ष वचनगोचर है, अतः वह अंशधर्मी नयवाद का विषय है। प्रमाण के आगोश में नयों का अनन्त धर्मात्मक चक्र चक्रित होने लगता है। नयों का चक्रीकरण उपरिलिखित अपेक्षाचतुष्टय के अनन्त धाराक्रमों (सीरीज) के एक-एक बिन्दु का संज्ञान लेते हुए न्याय-प्रक्रिया के अनन्त भंगों की सम्भावना व्यक्त करता है और उसे अनेकान्तवाद (अन्+एकान्त) की संज्ञा प्रदान करता है। इस प्रकार नय-क्रम वृत्त की परिधि के अनन्त बिन्दुओं का प्रतिनिधित्व करते हैं जिनके सूत्र का सिरा वृत्त के केन्द्रबिन्दु से जुड़ा होता है। केन्द्र-बिन्दु शून्य की गहराई की प्रतिनिधि है जिसकी परिभाषा मात्र यह दी जा सकती है कि बिन्दु वह है जिसकी लम्बाई-चौड़ाई-मोटाई नहीं होती, यानि बिन्दु तीनों स्थूल आयामों से शून्य मात्र नकारी विचार है। ज्यामितिक रेखाचित्र के रूप में द्रष्टव्य —

प्रमाणवृत्त
(अस्तित्व)

प्रस्तुत रेखाचित्र में अदृश्य केन्द्र से परिधि-पर्यन्त अस्तित्व का फैलाव है। केन्द्र से परिधि के अनन्त बिन्दुओं तक फैले अर्द्धव्यास परिधि-प्रमाण के नय हैं। परिधि का सम्पूर्णत्व प्रमाण है जिसे कैवल्य की दर्शन-ज्ञान दृष्टि देखती जानती है। कैवल्य-दृष्टि से ओझल कुछ नहीं। इसलिए कैवल्य के दर्शन-प्रमाण के साक्षीभाव की छाया में ज्ञान का नयचक्र घूमता रहता है।

इस प्रकार नयचक्र की प्रत्येक तीली ज्ञान का एकांश व्यक्त करती है जो अपने कोण से प्रमाण के एकांश-सत्य का उद्‌घाटन है।

अस्तित्व की न्याय-प्रक्रिया प्रमाण से नये मंडल की ओर चलती है, फिर नयों से घूमकर प्रमाण के सम्पूर्ण से आ जुड़ती है। इस तरह नयचक्र प्रमाण से शुरू होकर प्रमाण के सम्पूर्णत्व में लय होता रहता है। उपगा न्याय से समझें, तो प्रमाण एक प्रकार से सूर्य है जो अनन्त रश्मिराशि का अधिष्ठाता है। प्रत्येक रश्मि सूर्य के सम्पूर्ण अस्तित्व का प्रतिनिधित्व करती है और सूर्यप्रकाश वस्तुसत्य तक पहुँचकर उसे उजागर करती है। इतना होते हुए भी प्रत्येक रश्मि की डोर सदैव सूर्य से जुड़ी रहती है और अन्ततः सूर्य में ही विलुप्त हो जाती है। प्रत्येक रश्मि सूर्य का आंशिक सत्य है। वह सम्पूर्ण सूर्य नहीं है। सच पूछो, सम्पूर्ण सूर्य कहीं उपलब्ध ही नहीं होता है। रश्मियाँ सम्पूर्ण सूर्य नहीं और सम्पूर्ण सूर्य रश्मियों से अलग कहीं अन्यत्र नहीं। अतः रश्मियाँ ही सूर्य हैं और सूर्य रश्मियों का पुंज मात्र है। यही न्याय प्रमाण और नयों के बीच विद्यमान है।

नयवाद : सांव्यवहारिक सत्य का प्रत्यक्ष प्रमाण

कैवल्य-दृष्टि से पुष्ट प्रत्यक्ष प्रमाण सर्व विशुद्ध द्रव्य-सत्य का उद्‌घाटक है, जिसे न्याय की भाषा में 'निश्चय नय' कहते हैं। निश्चय नय एक प्रकार से द्रव्य-दृष्टि है, जो प्रत्येक अस्तित्व-इकाई (जड़ और चेतन दोनों) को उसके गुह्य द्रव्य-सत्य के कोण से देखता और आँकता है। उसकी दृष्टि से प्रत्येक वस्तु-इकाई जो है सो है। उसके शुद्ध स्वरूप का तादात्म्य अविच्छिन्न रहता है। प्रत्येक का शुद्ध स्वरूप उसका स्वभाव है। स्वभाव का तादात्म्य-भाव कभी भंग नहीं होता। ऐसा कुछ सोचा भी नहीं जा सकता, क्योंकि यह विचार के पहले मूल-नियम के विपरीत होगा। अब, वस्तु-इकाई में द्रव्य, गुण, पर्याय का आन्तरिक बँटवारा है, जिसमें द्रव्य शून्य के गुह्य प्रदेश का अंग है और गुण-पर्याय व्यक्त भावलोक के अंग। अतः निश्चय नय दो भागों में बँट जाता है—(1) सर्व विशुद्ध द्रव्यार्थक नय, (2) शुद्ध पर्यायार्थक निश्चय नय। दोनों ही निश्चय नय वस्तु-सत्य को उसके हो स्वभाव के दृष्टिकोण से देखते-आँकते हैं, क्योंकि द्रव्य वस्तु का गुह्य वचनातीत पहलू है और गुण-पर्याय उसका प्रकट वचनगोचर पहलू है। दोनों पहलू एक ही वस्तुसत्य के अभिन्न अपृथक् अद्वय स्वभाव के अंग हैं, जैसे

सूर्य में प्रकाश और उष्णता। अत: वस्तुसत्य को उसी के स्वभाव की दृष्टि से देखना और कहना निश्चय नय का स्वभाव-कथन है।

निश्चय नय वस्तुसत्य के शुद्ध स्वभाव का वाचक है। वास्तविक जगत् के अनुभव में शुद्ध स्वभाव अनुपलब्ध है। न तो ज्ञाता द्रष्टा, न दृश्य ज्ञेय जगत शुद्ध स्वभाव युक्त है। सब कुछ विभाव परिणत है। विभाव ज्ञान में शुद्ध स्वभाव नहीं है। वह ज्ञान अधूरा और प्रदूषित है। अत: उसके द्वारा जुटायी प्रदत्त सामग्री प्रमाण नहीं कहीं जा सकती। प्रमाण केवल कैवल्य दृष्टि में छिपा है। कैवल्य-दृष्टि आत्म-द्रव्य के शुद्ध स्वभाव की देन है। वह अव्यवहित ज्ञान (Direct Knowledge) का स्रोत है। वह असन्दिग्ध प्रत्यक्ष प्रमाण है। कैवल्य के सीधे ज्ञान के अतिरिक्त कोई ज्ञान असन्दिग्ध प्रत्यक्ष प्रमाण नहीं है। वर्तमान में हमारा सारा ज्ञान इन्द्रिय प्रत्यक्ष से प्राप्त ज्ञान है, जो कैवल्य-दृष्टि के सीधे प्रत्यक्ष से (गुण और परिमाण दोनों ही में) हीनकोटि का है। इन्द्रिय-ज्ञान प्रत्यक्ष ज्ञान नहीं कहा जा सकता। फिर भी उसके इन्द्रिय प्रत्यक्ष को ही सांव्यवहारिक प्रत्यक्ष ज्ञान मानकर व्यवहार नय का न्याय स्वीकार किया जाता है।

व्यवहार नय इन्द्रिय-अुनभव की न्याय-प्रक्रिया है। इन्द्रियानुभव से उत्पन्न ज्ञान एक-कोणीय ज्ञान होता है। वह एक समय में विशिष्ट द्रव्य, भाव, क्षेत्र, काल की अपेक्षा से अस्तित्व को आँकने का प्रयास है। इस अपेक्षा-चतुष्टय से व्यवहार नय का न्याय निष्पन्न होता है। इस न्याय का निष्कर्ष चूँकि अधूरे ज्ञान पर आधारित होता है, अत: उसका निष्कर्ष केवल सम्भाव्य सत्य का साधक होता है, सुनिश्चित सत्य का नहीं। सम्भाव्य सत्य की वैधता का प्रतिशत ज्ञान-प्रक्रिया की आत्मनिष्ठ और वस्तुनिष्ठ शर्तों और निष्कर्ष तक पहुँचने की क्रिया-विधि पर निर्भर करता है। यदि इन्द्रिय ज्ञान के सारे उपकरण दुरुस्त हैं और निष्कर्ष तक पहुँचने की क्रियाविधि तर्क और विचार के मूल नियमों के अनुसार है तो निष्कर्ष की वैधता और विश्वसनीयता का प्रतिशत ऊँचा होगा, अन्यथा नहीं। आधार वाक्यों से निष्कर्ष वाक्य तक पहुँचने में हमारी न्याय-प्रक्रिया कितनी तर्क-संगत रह सकी है और उसमें निगमन और उद्‌गमन तर्क की नियामक अपेक्षाओं की कितनी पूर्ति हो सकी है, यही निष्कर्ष की वैधता का मापदंड है।

वैधता से ही जुड़ी है विश्वसनीयता। जो निष्कर्ष जितना ही वस्तुसत्य से संगत होगा, वह उतना ही सांव्यवहारिक रूप से विश्वसनीय भी होगा।

वैधता तय करने का पैमाना वस्तुतः सांव्यवहारिक कार्यकारिता है, जैसे हम कहें—ज्वलनशील पदार्थों की रगड़ से आग पैदा होती है। दो ऐसे पदार्थ रगड़े गये और उनसे आग पैदा हुई, जैसे बाँसों के जंगल में बाँसों की रगड़ से। अतः रगड़ आग पैदा होने का कारण है। प्रस्तुत दृष्टान्त में निष्कर्ष वैध है, क्योंकि (1) वह अपने आधार वाक्यों से तर्क और विचार के नियमों के अनुरूप निकाला गया है, (2) निष्कर्ष के सत्य को हम दूसरे प्रमाणों से भी पुष्ट कर कार्यकारी वैधता पा सकते हैं। अब आया प्रश्न विश्वसनीयता का। सामान्यतः वैध निष्कर्ष विश्वसनीय भी कहा जाता है, क्योंकि वैधता में न्यायिक या तार्किक सत्य छिपा होता है जो ज्ञान की वस्तुनिष्ठ जरूरत को पूरा करता है। परन्तु जैन दर्शन में ज्ञान को नैयायिक संगति के साथ उपादेय भी होना जरूरी है। उपादेयता केवल तार्किक संगति से पैदा नहीं होती। तार्किक संगति वैधता की गारंटी है, परन्तु वैधता में उपादेयता का पुट नैतिक संगति से जुड़ता है। जैसे बाँसों की रगड़ से आग पैदा होती है, यह वैध निष्कर्ष है। परन्तु इस निष्कर्ष का ज्ञान उपादेय तभी कहा जाएगा जब आग का प्रयोग कल्याणकारी उद्देश्य के लिए किया जाएगा। यदि इस आग के ज्ञान से जीवों को पीड़ा पहुँचाने का कार्य किया जाता है, तो यह ज्ञान वैध होते हुए भी अनुपादेय कहा जाएगा। अनुपादेय ज्ञान जैन दर्शन में कुज्ञान की श्रेणी में रखा जाता है और कुज्ञान विश्वसनीय ज्ञान नहीं माने जाते। ऐसे कुज्ञान जैन दर्शन में तीन प्रकार के होते हैं, यथा-कुमति, कुश्रुत एवं कुअवधि।

उपर्युक्त तीनों कुज्ञान, वास्तव में, ज्ञानावरणीय कर्म से तो आंशिक रूप से मुक्त हैं, परन्तु वह आंशिक मुक्ति मोहनीय कर्म की गिरफ्त में आ गयी। मोहनीय कर्म के उदय से जीव का मुक्त हुआ ज्ञान मिथ्यात्व और कषायों के चंगुल में फँस गया। जिससे वह ज्ञान तात्कालिक रूप से वैध होते हुए भी अनुपादेय होने के कारण मिथ्या ज्ञान की कोटि में चला गया। मिथ्या ज्ञान आगे चलकर कषायों का शिकार होने के कारण स्वतोव्याघातों के बौद्धिक भँवर-जाल में फँसने के लिए अभिशप्त है। अतः कषायग्रस्त ज्ञान भले ही वैध और सही लगे, परन्तु वह उन्मत्त व्यक्ति का प्रलाप कहा जाएगा और वह अविश्वसनीय माना जाएगा।

सप्तभंगी नय

ऊपर व्याख्यायित तार्किक चिन्तन के आधारभूत मूल नियमों के अनुसार

तादात्म्य, विरोध और अस्तित्वों का सहवर्तित्व न्यायप्रक्रिया को दोटूक सोच की तरफ ले जाता है। दोटूक सोचने में गणितीय सोच हमारी मदद करता है। गणितीय सोच का मूलाधार अंक-विद्या के तीन आयाम हैं—धन, ऋण तथा शून्य (+,—,0)। अंकों का धनात्मक और ऋणात्मक क्रम-प्रवाह एक-दूसरे की सर्वथा विरोधी दिशाओं की ओर है। यह एक ही सत्ता की दो दिशाएँ हैं जो परस्पर सापेक्ष और विरोधी हैं। धन 'है' का प्रतीक है तो ऋण 'नहीं है' का प्रतीक। 'है' 'न है' का धुरविरोधी है तो परस्पर सापेक्ष भी है, क्योंकि 'है' और 'न है' एक साथ नहीं रह सकते, परन्तु एक-दूसरे के बिना भी जीवित नहीं रह सकते। अपने अस्तित्व के लिए दोनों को एक-दूसरे की अपेक्षा है। तो जिस सत्ता की ये परस्पर विरोधी, साथ ही परस्पर अनुपूरक सापेक्ष दिशाएँ हैं वह सत्ता कहाँ है? और यह + और — का अन्तरण सत्ता के किस बिन्दु पर होता है? इस प्रश्न का उत्तर है 'शून्य', जो वक्तव्य की सारी उपाधियों से मुक्त अस्तित्व के सर्वविशुद्ध तादात्म्य स्वरूप में स्थित है, जहाँ + और — का, सारे अन्तर्विरोधों का समाहार निहित है। इसी दोटूक चिन्तन के स्रोत से सप्तभंगी नय का जन्म हुआ, यथा—

क क है (धनात्मक तादात्म्य)
क अ-क नहीं है (ऋणात्मक विरोध)
क क फिर अ-क नहीं है (+ और — का सहवर्तित्व)
क अवक्तव्य है (+ और — का शून्य में समाहार)
क क तथा अवक्तव्य है (+ तथा 0)
क अ-क तथा अवक्तव्य है (— तथा 0)
क क, अ-क तथा अवक्तव्य है (+, — तथा 0)

धन और ऋण अंकों का क्रम-प्रवाह अनन्तगामी है तो शून्य अंक का भी क्रम-प्रवाह अन्तस्थ गहराई में अनन्त है। शून्य के क्रम-प्रवाह का पर्याय-क्रम शून्य ही होता है जबकि धन और ऋण का पर्याय-क्रम चढ़ते-उतरते अंश में हो सकता है। इस प्रकार सप्तभंगी न्याय का प्रत्येक भंग अनन्तगामी होता है। फिर पूरा सप्तभंगी न्याय प्रत्येक अस्तित्व के अनन्त धर्मों पर लागू होकर अनन्त सप्तभंगियों की शृंखला सम्भव बनाता है। और प्रत्येक अस्तित्व का सप्तभंगी अन्य सहअस्तित्वों की सापेक्षता लेकर महासत्ता पर्यन्त अनन्त सप्तभंगियों का नैयायिक नेटवर्क सृजित करता है। अतः मानवीय सोच का कोई भी बुद्धि-प्रसूत और बुद्ध्यातीत सम्भव विकल्प

इस सप्तभंगी न्याय के नेटवर्क से अछूता नहीं रहता और न रह सकता है।

स्याद्वाद

सप्तभंगी नयवाद अनन्त धर्मात्मक अस्तित्व के वचनगोचर आयामों का उद्घाटक है। सत्ता के लिहाज से प्रत्येक भंग द्रव्य, भाव, काल, क्षेत्र की अपेक्षा से कथन करता है। प्रत्येक कथन सापेक्ष सत्य तक ही सीमित रहता है। कोई भी कथन अपनी सीमा का उल्लंघन नहीं कर सकता। वह अपनी सापेक्ष सीमा में कथंचित् अथवा स्यात् शब्द जोड़कर सत्य को समझने की सीमा निर्धारित करता है। सत्य अनन्तमुखी हो सकता है, किन्तु उसे जब भी बौद्धिक विकल्पों के सहारे शब्दों में बाँधा जाता है वह अनन्त के 'सब' में से 'कुछ' का ही निरूपण कर पाता है। 'कुछ' का तात्पर्य तर्क की समझ में कम से कम कुछ जो शून्य से आगे मात्र एक इकाई है और कल्पित 'सब' से एक इकाई कम है। इसलिए प्रत्येक वचनगोचर सत्य अंशवाची और सापेक्ष ही होता है और उसे सांव्यवहारिक न्याय में 'स्यात् ऐसा ही' कहकर हम आंशिक सत्य से व्यापक सत्य की ओर बढ़ते हैं।

स्याद्वादी न्याय में निगमन और उद्गमन दोनों ही तर्क-प्रक्रियाएँ शामिल हैं। निगमन प्रक्रिया में हम सर्वव्यापी सत्य स्थापित कर उसमें से अंश-व्यापी सत्य निगमित करते हैं, जैसे—

सब जगह है जहाँ धूम्र होता है वहाँ आग होती है। पर्वत विशेष पर धूम्र है अत: पर्वत विशेष पर आग है।

यह धूम्र और आग का व्याप्य-व्यापक सर्वव्यापी सत्य स्थापित कर पर्वत पर धूम्र और आग का सहवर्तित्व निगमित कर लिया। यहाँ निष्कर्ष 'पर्वत पर आग है' का सत्य उसके आग का सहवर्तित्व निगमित कर लिया। यहाँ निष्कर्ष 'पर्वत पर आग है' का सत्य उसके ऊपर दिये दो आधार वाक्यों के सत्य में छिपा हुआ है। अत: निष्कर्ष का सत्य आधार की अपेक्षा से सत्य है। आधार से परे इसका कोई वजूद नहीं। फलत: निष्कर्ष कथंचित् सत्य वाक्य है। इस प्रकार निगमनात्मक न्याय पूर्णत: सापेक्ष सत्य का ही साधक है।

सप्तभंगी न्याय को गौर से देखें तो उसका प्रत्येक भंग विचार के मूल नियमों के आधार पर अस्तित्व के बहुमुखी सत्य का अन्य अस्तित्वों के साथ सम्बन्धों का निदर्शन करता है। स्यात् है, स्यात् नहीं है, स्यात् क्रमश:

दोनों है, स्यात् उपर्युक्त तीनों विकल्पों से परे कुछ ऐसा है जो कहा नहीं जा सकता, आदि। इनमें सत्तागत सम्बन्धों और असम्बन्धों को बुद्धि के खाँचों में ढाला गया है और चौथे भंग के द्वारा बुद्ध्यातीत शून्य की ओर संकेत है। इन सम्बन्धों और असम्बन्धों के असंख्यात और अनन्त समीकरणों का न्याय सप्तभंगी नय के गर्भ में चक्रित होता रहता है। चौथा भंग विशेषतौर पर द्रष्टव्य है कि इसमें सारे सम्बन्धों, साथ ही असम्बन्धों का अतीतीकरण निहित है। छिपा है—'है' का नकार, 'नहीं है' का नकार, 'है और नहीं है' का नकार, साथ ही साथ 'न है, न नहीं है का बड़ा' नकार, तो फिर सत्य इस बड़े नकार से परे क्या है? उत्तर है 'अवक्तव्य' यानि कुछ नहीं कहा जा सकता। अत: व्यवहारत: प्रत्येक कथन कथंचित् रूप से स्वीकार किया जा सकता है। सर्वथा रूप से नहीं। इस कथंचित् स्वीकार के लिए बुद्धिप्रसूत अर्धसत्य के साथ इन्द्रियानुभव का आंशिक सत्य हमारे व्यवहार का काम चलाऊ सत्य पैदा होता है, यही व्यवहार बुद्धि का तार्किक सिद्धान्त है स्याद्वाद।

स्याद्वाद ही आज के वैज्ञानिक अन्वेषण का तकनीक है। वैज्ञानिक चिन्तन का आधार इन्द्रियअनुभव है, जिसे जैन शब्दावली में मतिज्ञान कहते हैं। मति ज्ञान श्रेणीबद्ध ज्ञान में सबसे नीचे पायदान का ज्ञान है। इसमें इन्द्रियों की दैहिक संवेदनाओं के साथ इन्द्रियों से परे बुद्धिप्रसूत अर्द्धसत्य का जोड़ विज्ञान का सम्भाव्य सत्य करता है। बुद्धि का अर्द्धसत्य इसलिए है क्योंकि वैज्ञानिक सोच में अतीन्द्रिय व्यापक ज्ञान की भूमिका नदारद है। व्यापक ज्ञान की भूमिका न होने के कारण वह सीमित संवेदना-क्षेत्र में ही अन्वेषण की प्रविधियाँ लागू करता है तथा उद्गमन विधि से प्रदत्तों का संग्रह करता है। प्रदत्तों का संग्रह वह संवेदनाओं पर 'है' और 'नहीं है' के समीकरण छापकर, अन्वेषण की निरीक्षण और प्रयोग विधि से करता है। निरीक्षण विधि में सांवेदनिक सामग्री को अन्वय प्रविधि के सकारात्मक और व्यतिरेक प्रविधि के नकारात्मक इस्तेमाल, फिर व्यतिरेक प्रविधि के नकारात्मक इस्तेमाल, फिर अन्वय-व्यतिरेक के संयुक्त और सहचारी प्रयोग से हम सप्तभंगी नय के क्रमश: प्रथम, द्वितीय और तृतीय भंग की न्याय-प्रक्रिया पर स्वत: पहुँच जाते हैं। फिर निरीक्षणात्मक विश्लेषण की अगली प्रविधि निरासोत्तर अवशेष से हम क्रम-क्रम से सारे प्रदत्तों का निरास करते हुए शेष रहे प्रदत्त को अंगीकार करते हैं। अंगीकार क्या करते हैं? क्या इस

मजबूरी से, कि सारे विकल्प खारिज हो गये, तो शेष रहा ही स्वीकारना है? इस मजबूरी का उत्तर यही हो सकता है 'कहा नहीं जा सकता' यानि अवक्तव्य का चौथा भंग।

अब फिर सप्तभंगी का चौथा भंग विवाद के घेरे में आता है। क्या चौथे भंग का 'अवक्तव्य' मजबूरी का सौदा है? जब हमारी बुद्धि समझने और कहने में अक्षम सिद्ध हुई, तो हमने 'अवक्तव्य' कहकर पीछा छुड़ा लिया? वैज्ञानिक अन्वेषक तो यही कहेगा, कि यह अवशिष्ट विकल्प का स्वीकार सभी सम्भाव्य सत्य-विकल्पों का निरास प्रयोग की कसौटी पर कसकर किया गया और शेष रहा एक सर्वाधिक सम्भाव्य सत्य जिसे स्वीकारा गया। तो प्रतिप्रश्न होता है, कि जब अन्तिम विकल्प सर्वश्रेष्ठ था, तो उसकी श्रेष्ठता शुरू से ही थी। क्यों नहीं विज्ञान की कसौटी उसकी श्रेष्ठता पहले पहचान सकी और उसे निरासीकरण की लम्बी प्रक्रिया में व्यर्थ ही जाना पड़ा। क्या यह मजबूरी का सौदा नहीं था? यहाँ पर जैनन्याय विज्ञान की मदद करता हुआ कहता है, कि अवक्तव्य कहना मजबूरी का सौदा नहीं है, बल्कि वह सीमित ज्ञान में असीम आयाम की ओर संकेत है। हमारा सीमित मतिज्ञान जब अपने सोच के सभी सम्भव विकल्पों को खँगाल चुकता है और हारकर बैठ जाता है तभी कोई आर्कमिडीज सहसा 'यूरेका यूरेका' चिल्लाकर सत्य विकल्प की घोषणा कर देता है, कोई न्यूटन सारे विकल्पों को खारिज कर गुरुत्वाकर्षण नियम प्रतिपादित कर देता है। कोई सिंगमंड फ्रायड सम्मोहन निद्रा के घटाटोप से निकलकर अचेतन मन की पर्तें खोल देता है। यह सब कुछ कैसे हो जाता है, नहीं बताया जा सकता, यह अवक्तव्य है। जैन मनीषी कहता है, कि अवक्तव्य तक पहुँचने से पहले सत्य के खोजी को अस्ति, नास्ति तथा अस्ति-नास्ति की वैतरणी पार उतरनी ही पड़ती है। फिर इन विकल्पों का निरर्थकताबोध समेटकर जब वह शून्याकाश की ओर सारी ऐहिक वासनाएँ त्यागकर निहारता है तो उसे सहसा ही सत्य का प्रकाश कौंधता हुआ मिलता है। सत्य का खोजी भौंचक्का-सा होकर अवाक् रह जाता था। यह रूप है सप्तभंगी न्याय के चौथे भंग का।

फिर स्याद्वाद न्याय के कदम आगे बढ़ते हैं। वह सप्तभंगी के पाँचवें पायदान पर आता है। वह स्वानुभूति के धनात्मक सोच के साथ स्यात् अस्ति को सत्य का पूरा साधक नहीं मानता, वरन् वह उसकी पूर्णता स्यात् अवक्तव्य में ही पाता है। इसी प्रकार छठे और सातवें पायदानों पर क्रमशः नास्ति और

अस्ति–नास्ति च के बाद स्यात् अवक्तव्यम् का जोड़ न्यायतन्त्र की पूर्णता का द्योतक है। इस प्रकार साफ तौर पर कहा जा सकता है, कि वैज्ञानिक खोज के लिए मात्र उद्गमन विधि पर्याप्त नहीं है। उद्गमन के द्वारा प्रदत्तों का संग्रह, उनका शोधन, चाहे सांख्यिकी या गणित के सूत्रों की सहायता से कर लें या मशीनी तरीके से सामान्यीकरण कर किसी सामान्य सिद्धान्त पर पहुँच जाएँ, परन्तु किसी छिपे प्राकृतिक नियम की खोज इस अकादमिक व्यायाम से सम्भव हो ही जाए, यह जरूरी नहीं। इस प्रक्रिया से सत्य-सम्बन्धी प्राक्कल्पना बनाने में अलबत्ता मदद मिल सकती है, परन्तु कोई मौलिक खोज या आविष्कार निश्चित रूप से अवक्तव्य के जोड़ से ही होता है जो सप्तभंगी नय के सातवें भंग के कुशलतापूर्वक प्रयोग से ही सम्भव है।

सप्तभंगी का चौथा भंग वस्तुत: न्याय की उद्गमन विधि का परिणाम नहीं है। उसका आदि–स्रोत सीधे कैवल्य–दृष्टि से जुड़ा मिलता है। यद्यपि कैवल्यदृष्टि केवलज्ञान का स्वयंप्रकाश है जो छन–छनकर अवधि–मन:पर्यय ज्ञानों में प्रत्यक्षत: और मति–श्रुतज्ञानों में इन्द्रियों के माध्यम से परोक्षत: व्यक्त होता है, परन्तु वैज्ञानिक खोज के दौरान परोक्ष ज्ञानविधि में वैज्ञानिकों की मेधा में उनके क्षयोपशमिक प्रभाव से कैवल्य के सूर्य से छनकर आयी किरणों के प्रकाश में कभी–कभी सहसा चमत्कार प्रकट हो जाता है जो हमारी सामान्य समझ से बाहर होता है। ऐसी स्थिति में इन्द्रिय प्रत्यक्ष के उद्गमनमूलक तकनीक में पराज्ञान के आधार–वाक्यों से चमत्कारिक निष्कर्षों का निगमन हो जाता है जो हमारी न्याय–प्रक्रिया की सार्थकता में चार चाँद लगा देता है। यह निगमनात्मक–उद्गमन न्याय–प्रक्रिया समन्वित रूप से अस्तित्व की बौद्धिक प्रक्रिया होती है, जो जीवन का ऊर्ध्वरेतीय विकास सम्भव बनाती है।

अस्तित्ववादी जैनन्याय प्रत्यक्ष प्रमाण के बाद अनुमान की बौद्धिक प्रक्रिया पर पहुँचता है। अनुमान के बौद्धिक व्यायाम में उद्गमन विधि से प्रदत्तों का तार्किक प्रहस्तन कर हम सामान्यीकरण करते हैं और एक सामान्य सर्वव्यापी निष्कर्ष पर पहुँचते हैं। इस सर्वव्यापी निष्कर्ष की वैधता और विश्वसनीयता की समस्या पर हम विचार कर चुके हैं। वैधता और विश्वसनीयता में सप्तभंगी न्याय के अवक्तव्य भंग की विशिष्ट भूमिका रेखांकित की जा चुकी है। सम्प्रति यह स्पष्ट करना है, कि इन्द्रिय प्रत्यक्ष के आधार पर

अधिगम (Learning) प्रक्रिया के द्वारा हमें शब्द-ज्ञान प्राप्त होता है। शब्द-ज्ञान एक प्रकार से प्रतीक-ज्ञान है। प्रतीक ऐन्द्रिक संवेदनाओं पर बौद्धिक समझ की छाप का अंकन है। दूसरे शब्दों में, शुद्ध बुद्धि की वैचारिक पर्यायों का अंकन प्रतीक होता है जो शब्दों के रूप में हमारे सामने आता है। इस प्रकार शब्द इन्द्रिय-संवेदनाओं के द्वारा अतीन्द्रिय बौद्धिक पर्यायों की समझ का प्रतिनिधित्व करते हैं। अतः शब्दग्रहण के द्वारा जो ज्ञान हमें प्राप्त होता है वह शुद्ध बुद्धि की वैचारिक संक्रान्ति से पैदा हुआ अतीन्द्रिय ज्ञान होता है। यह ज्ञान जैनदर्शन के अनुसार श्रुतज्ञान है, जो अन्य दर्शनों में मान्य शब्द-प्रमाण के तुल्य है। श्रुतज्ञान अथवा शब्द-प्रमाण वस्तुतः आप्त-स्रोत की कैवल्य-दृष्टि से फूटा सम्यक्ज्ञान है जो स्याद्वाद की भाषा में स्यात् अवक्तव्य की श्रेणी में आता है। यह ज्ञान वैध होने के साथ उपादेय भी होता है। अतः वह ज्ञान परम पवित्र और परम मांगल्य-कोटि में आता है। और वह परम विश्वसनीय ज्ञान होता है। वह अस्तित्व की न्याय-प्रक्रिया का सिरमौर ज्ञान होता है। इसके ऊपर के ज्ञान अवधि, मनःपर्यय और केवल वस्तुतः न्यायप्रक्रिया की सीमा से बाहर के ज्ञान हैं। ये ज्ञान सारे नैयायिक प्रमाणों के महाप्रमाण हैं जिन्हें किसी अन्य प्रमाण की आवश्यकता नहीं होती। वे स्वतःप्रमाण प्रत्यक्षज्ञान हैं। केवलज्ञान सारे प्रमाणों का आधारभूत प्रमाण है।

अस्तित्व की व्यवहार-थिरैपी और साधना-तन्त्र

मन की त्रासद समस्या का प्रारम्भ बिन्दु मन में ही निहित है

अस्तित्व का घुटन-टूटन लक्षण है उसके किसी भीतरी रोग का। अतः जरूरी है कि हम इस रोग पर विचार करें और उसका निदान कर सही उपचार की खोज करें। यह तय है कि हम सब रोगी हैं। मजबूत से मजबूत, राजा हो या रंक, बूढ़ा हो या बाल, स्त्री हो या पुरुष, सभी रोगी हैं, क्योंकि प्रत्येक जन दुःखी है, जिन्दगी से आजिज है। और दुःखी होना किसी न किसी रोग की ही निशानी है। अब, किस व्यक्ति में कौन-सा रोग है और वह कितना गहरा है, यह तो बाद में खोजा और तय किया जाएगा। फिलहाल सामान्यतः यह स्पष्ट मानना है कि रोग है और उससे प्रत्येक व्यक्ति पीड़ित है। जब प्रत्येक व्यक्ति पीड़ित है, रोगी है, और वह रोगमुक्त भी होना चाहता है, तो क्या यह उचित न होगा कि हम रोग दूर करने के प्रयास में रोग और रोग की प्रकृति को ठीक-ठीक समझें और उसे दूर करने का यथासम्भव प्रयास करें।

रोग क्या है ?

'रोग क्या है' के बारे में दूसरों की दी हुई परिभाषाओं को उधार लेने की बजाय, आइए, अपनी सामान्य बुद्धि से हम खुद सोचें। रोग कोई चीज नहीं है जिसे टेस्ट ट्यूब में भरकर प्रयोगशाला में उलट-पलटकर देखें और यथाकथित रोगी व्यक्ति को बुलाकर उनका साक्षात्कार कराएँ। स्पष्ट है कि रोग को रोगी से अलग कर के नहीं देखा जा सकता। अगर रोग को देखना-परखना है तो रोगी को ही देखना होगा, रोगी से ही बात करनी होगी। समझो, रोगी ही साक्षात् रोग है। रोगी देखना रोग देखना है, रोग देखना रोगी देखना

है। दोनों अभिन्न हैं, अलग नहीं। तो रोग रोगी की एक अवस्था है, कहिए, एक विकृत अवस्था है। विकृत अवस्था से तात्पर्य है कि वह प्रकृत अवस्था नहीं है। प्रकृत यानि स्वभाव, यानि जैसी मूल, प्रकृति की दी हुई अवस्था होनी चाहिए, वैसी अवस्था नहीं है। यह प्रकृत यानि स्वभाव अवस्था से विपरीत है, कहें, विभाव अवस्था है। यह विभाव अवस्था ही रोग की अवस्था है।

अब प्रश्न है, कि 'स्वभाव अवस्था' क्या है, क्योंकि हमारे सामने तो विभाव या रोगी अवस्था ही है, जिसे हम देख और भोग रहे हैं। स्वभाव या परिपूर्ण नीरोग अवस्था तो हमारे सामने रही नहीं। संसार का कोई व्यक्ति परिपूर्ण रूप से नीरोग नहीं है। तो फिर हम नीरोग की कल्पना किस आधार पर करें? क्यों न हम रोग को ही प्रकृत मान लें? क्यों न दुःख को ही अन्तिम सत्य मान लें? एक रोग हटता है तो दूसरा रोग आ जाता है, अतः परम्परा या रोग-परम्परा को ही पहला और अन्तिम सत्य क्यों न मानें? यही स्वभाव है। इसी की परम्परा स्वभाव की परम्परा है और वह अनादि-कालीन है, शाश्वत है। विकृति और प्रकृति, विभाव और स्वभाव दोनों अलग अस्तित्व नहीं है। रोग-रोग, है, और उसे रोग ही रहना है। यही भोगा हुआ और भोगा जाने वाला सत्य है। नीरोगता कल्पना की चीज है। पता नहीं, वह कुछ है भी या नहीं?

इस प्रश्न ने एक तरह सारा मामला ही गड़बडा दिया। जब रोग ही स्वभाव है और वह अन्तिम सत्य है, भोगा हुआ सत्य, तो फिर रोग से मुक्त होने की छटपटाहट वृथा बात हो गयी, किन्तु यह छटपटाहट भी तो एक भोगा जा रहा यथार्थ है इसी रोगजनित दुःख के साथ। यह छटपटाहट तो कल्पना की बात नहीं ठहरी। तो यह छटपटाहट किस बात के लिए है? रोगमुक्ति के लिए न! और हम देखते हैं कि हम अपने प्रयास से या स्वयं प्रकृति की कृपा से पूरे नहीं तो अंश-रूप में नीरोग होते ही हैं, रोग-मुक्त होते हैं। जब थोड़े मुक्त होते हैं तो बहुत अंशों में या कभी पूरे अंशों में भी मुक्त हो सकते हैं। क्या हम नहीं सोच सकते, कि रोग से मुक्त होकर हमें क्या होना है? नीरोग ही न? फिर नीरोगता ऐसा यथार्थ है जो भोगा जाएगा रोग से निवृत्त होने के बाद, अतः नीरोगता आकांक्षणीय सत् है, श्रेय और उपादेय है, और रोग हेय और त्याज्य अवस्था है। हेय और त्याज्य अवस्था विकृति है। रोग विकृति है, दुःख और पीड़ादायक है। आइए, प्रस्तुत सन्दर्भ में रोग सामान्य को एक

टेक्निकल नाम दें—कर्म। रोग यानि कर्म।

रोग की तरह कर्म विभाव-परिणत, दुःखमय, पीड़ादायक अवस्था है। रोग की ही तरह कर्म कर्मी से अलग नहीं है। कर्म देखना है तो कर्मी देखना है। कर्मी देखना, कर्म देखना है। कर्मी और कर्म अभिन्न हैं। कर्म भोगा जा रहा यथार्थ है। कर्मी कर्मरूप भोगे जा रहे यथार्थ का अधिष्ठान, कहिए, आसन है। अब कर्म-रोग के सम्बन्ध में तीन बातें सामने आयीं : (1) रोग में दुःख और पीड़ा की अनुभूति है, (2) रोग में रोग से मुक्त होने की छटपटाहट है, (3) प्रयास करने पर रोग से मुक्ति होती है। तीनों बातें कर्म पर लागू पड़ती हैं, जिनसे निम्नलिखित बातें फलित होती हैं:

(1) रोग में दुःख और पीड़ा की अनुभूति इस तथ्य का लक्षण है कि शरीर संस्थान में कोई विजातीय तत्त्व घुसपैठ कर गया है, जो स्वजातीय तत्त्व पर हमला कर रहा है, उसे नष्ट करने पर तुला है और उसका स्वत्व हरण कर रहा है। स्वजातीय तत्त्व परजीवी विजातीय से आत्मरक्षार्थ जूझ रहा है।

(2) इस जूझ से नष्ट होने की भावी आशंका की पीड़ाजनक अनुभूति कोई इस संस्थान में बैठा इसका स्वामी कर रहा है। वह स्वामी विवेकसम्पन्न ज्ञाता-द्रष्टा चैतन्य है जो सुख-दुःख, साता-असाता की वेदना भी महसूस करता है। विजातीय तत्त्व इस चैतन्य से भिन्न प्रकृति का कोई तत्त्व है, जिसे हम अचेतन कह सकते हैं।

(3) उस ज्ञाता, द्रष्टा, भोक्ता चैतन्य में मुक्त होने की सार्थक छटपटाहट भी है। उसकी छटपटाहट में इतना वीर्य या इतनी शक्ति है कि वह मुक्ति के लिए पुरुषार्थ कर सके।

(4) पुरुषार्थ करने पर रोग से मुक्ति मिल जाती है—यह अनुभव सत्य है, भले ही बाद में दूसरा रोग घुसपैठ कर जाए, या पहले रोग से आंशिक मुक्ति ही मिल पाए।

(5) तत्त्व मूलतः दो मिले—स्वजातीय चैतन्यस्वरूप, विजातीय अचैतन्य-स्वरूप। पहले को नाम दें जीव, दूसरे को अजीव या पुद्गल आदि। पहला ज्ञाता, द्रष्टा, भोक्ता, शक्तिरूप चेतन है, दूसरा इन गुणों से विपरीत जड़ रूप है।

(6) जब जड़ या भिन्न जातीय विषाणु जीवन्त शरीर में घुसकर शरीर की किसी कमजोरी को पकड़ लेते हैं, तब वे उसके साथ एक रूप या एकक्षेत्रावगाही होकर उपद्रव खड़ा करते हैं, तब वह रोग-अवस्था हो जाती

है। हर प्रकार के पुद्गल या विषाणु पर्यावरण में हर जगह हर समय उपलब्ध रहते हैं, जो हमारे शरीर, हमारी प्राणवायु और श्वास-प्रश्वास और मन की क्रियाओं के योग से हमारे अस्तित्व में प्रवेश कर जाते हैं। इसे हम कर्म-रोग का 'आस्रव' नाम देते हैं।

(7) जब ये विषाणु या पुद्गल वर्गणाएँ शरीर में प्रवेश कर गयीं तब वे शरीर के कमजोर ठिकाने ढूँढ़ती हैं, जहाँ वे एकाकार होकर जम सकें और अपना घर बना सकें। ये ठिकाने शरीर-दर-शरीर सूक्ष्म से सूक्ष्म स्तर तक हो सकते हैं, जहाँ जमकर वे चैतन्य के क्षेत्र में तदाकारवत् होकर विभाव परिणति के कारण बनते हैं और भावी रोगों के आधार होते हैं। इसे हम कर्मरोग का 'बन्ध' कहेंगे।

(8) ये बँधी हुई पुद्गल वर्गणाएँ अथवा विषाणु अपने अनुकूल ठिकाने ढूँढ़कर फिर निष्क्रिय नहीं रहते। वे शरीर-संस्थान के अन्य तत्त्वों से तालमेल कर कुछ ऐसे रासायनिक परिवर्तन करते हैं कि जिनसे उनके रक्षा-कवच तैयार हो जाते हैं और वे बहुत जल्दी प्रजनन द्वारा तथा अपने समान अन्य विषाणुओं को बाहर से आकर्षित कर अपनी कॉलोनी तैयार कर लेते हैं एवं अपनी आक्रामक और सुरक्षात्मक पंक्तियाँ बनाकर शरीर के भीतर शत्रु-शरीर के भँवर-चक्र तैयार कर लेते हैं। इस सबके लिए जितना भी समय लगे, तब तक व्यक्ति अपने को चंगा महसूसता रहता है, किन्तु वह नहीं जानता कि उसका यह चंगा महसूसना कुछ ही समय का मेहमान है। ऐसे भँवरचक्र एक नहीं, एक ही शरीर में अनेकानेक स्थान बनाते हैं और वे भावी रोगों के विस्फोटों के ज्वालामुखी धीरे-धीरे भीतर बनते रहे हैं और फूटते रहे हैं तथा नये भी पैदा होते रहे हैं और होते रहेंगे। इनसे फूटने वाला जीवों के अस्तित्व को झुलसाता रहा है, झुलसाता रहेगा और एक शरीर को नष्ट कर दूसरे में घुसकर ऐसा हाहाकार मचाता रहा है, मचाता रहेगा।

(9) प्रश्न है, जीव के अस्तित्व में ये कमजोर ठिकाने कौन से हैं और वे कहाँ से आये हैं? जीव जब स्वयं शुद्ध ज्ञाता-द्रष्टा रूप है, तो ये ठिकाने ज्ञान और दर्शन के तो हो नहीं सकते, लेकिन शुद्ध रूप कहाँ? अनादि से हम यही पा रहे हैं कि जीव रोगग्रस्त है। नीरोग जीव की अवस्था अभी तक भोगने को नहीं मिली। तो वे कमजोर ठिकाने इन्हीं रोगों की पूर्व सन्तति के अन्दर हैं। पूर्व रोगों की सन्तति अपना विस्फोट करते समय शरीर के प्रत्येक

स्तर पर भावी आवेगों का ऐसा विक्षुब्ध तूफान छोड़ती है, जिससे घबराकर चैतन्य अज्ञानवश नये रोगों को बुलावा भेज देता है, या नये रोग आस्रवित होते हैं तो उन्हें वह आने से रोक नहीं पाता। यह चैतन्य का प्रमाद तथा अशक्ति का एहसास है कि वह कर्मों को अपने अस्तित्व में बँध जाने देता है। इस प्रकार कर्मरोगों की सन्तति बढ़ती रहती है। चैतन्य अज्ञानी भोक्ता बनकर अपने इस रोगी भाग्य से समझौता करता हुआ दुःखी होने को मजबूर रहता है। वह अज्ञानवश यह जान ही नहीं पाता कि रोग का भूत उसके अन्तरंग में घर बनाये बैठा है, जो प्रतिक्षण उसके अस्तित्व की जड़ काट रहा है। वह इसे नियति मान लेता है और पूरी तरह अपनी इस मिथ्या नियति में रमा रहता है।

(10) रोगग्रस्त अस्तित्व में जो कुछ अधूरा है, विकृत है उसका पूरापन उसी के नीचे पुद्गलीय धूल में दबा-छिपा पड़ा है, या जो सामने भी आया है वह सही रूप में सामने नहीं आ सका। पुद्गलों की आँधी चल रही है जिसमें चैतन्य-सूर्य का प्रकाश भी व्याप्त है। प्रकाश धुँधियाया हुआ है। वह पुद्गलों के कारण कभी कम, कभी अधिक होता है। कभी अधिकांश तिरोहित भी हो जाता है। आँधी के हाहाकारी सन्नाटे में अपने होने की अनुभूति भी अधूरी है और अधिकांश तिरोहित है। इस अधूरेपन और तिरोहण की पीड़ाजनक, घबराहटपूर्ण अनुभूति हमारे अस्तित्व की सहचरी है और हम अशक्त हुए श्लथ पुरुषार्थ से कदम फूँक-फूँककर बढ़ रहे हैं। यह सारा अधूरापन कर्मजनित है, अतः कर्म की प्रभावी भूमिका को देखते हुए हम कर्मों का वर्गीकरण निम्न प्रकार करते हैं :

(1) ज्ञान के अधूरेपन का कारण अथवा ज्ञान के सम्पूर्णत्व को ढँक लेने वाला कर्म ज्ञानावरणीय कर्म।

(2) दर्शन अथवा आत्मानुभूति के अधूरेपन का कारण अथवा दर्शन के सम्पूर्णत्व को ढँक लेने वाला कर्म दर्शनावरणीय कर्म।

(3) पुरुषार्थ करने की क्षमता का हरण करने वाला तथा आत्म-श्रद्धा के अधूरे विकास का कारण मोहनीय कर्म।

(4) आत्म-सुख रूप शक्ति के अधूरेपन का कारण अथवा सुख और शक्ति को तिरोहित करने वाला कर्म आन्तराय कर्म।

ऊपर के चार कर्म नीरोग आत्मा के अनन्त ज्ञान, अनन्त दर्शन, अनन्त वीर्य, अनन्त सुख रूपी आयामों का घात करने वाले हैं अतः उन्हें जीव को रोगी, जर्जर, त्रस्त करने वाला कहा जाता है। ये सब 'घातिया' कर्म हैं।

इन चारों के अतिरिक्त अन्य शेष चार कर्म ऐसे भी हैं जो आत्मा के किसी गुण का घात तो नहीं करते, किन्तु जो अधूरी आत्मा के लिए बन्दीगृह जैसी अवस्था का सृजन करते हैं, ये हैं :

(5) नाम कर्म—शरीर-रचना के लिए उत्तरदायी।

(6) गोत्र कर्म—शरीर उत्पन्न होने के लिए योनि और परिवेश का निर्धारण करने वाला।

(7) आयु कर्म—शरीर की जीवनावधि निर्धारित करने के लिए उत्तरदायी।

(8) वेदनीय कर्म—आत्मा के प्रदेशों में साता या असाता वेदना उत्पन्न करने के लिए उत्तरदायी।

बाद के चारों कर्म 'अघातिया' कर्म हैं, जो केवल स्थूल और बाह्य संरचना के लिए उत्तरदायी हैं और घातिया कर्मों के आस्रव बन्ध, निर्जरा में निमित्तभूत होकर अवस्थित रहते हैं। ये अष्ट कर्म संसारी अस्तित्व के भव-रोग के आठ आयाम हैं, जिनसे मुक्त होना मुमुक्षु का अध्यवसाय है ताकि वह अस्तित्व की शुद्ध-बुद्ध-नीरोग अवस्था प्राप्त कर सके और स्वस्थ होकर जी सके।

कर्म-रोग का निदान और उपचार

किसी रोग की चिकित्सा प्रारम्भ करने से पूर्व उसका निदान करना जरूरी है। निदान में रोग का कारण और उसकी प्रकृति को समझना है। रोग का सामान्य निदान और विशिष्ट निदान दो प्रकार हो जाता है। पहले सामान्य निदान की दृष्टि से रोग के सामान्य कारणों की खोज समीचीन होगी।

सामान्यतः कर्म-रोग का मूल कारण है अविद्या अथवा अज्ञान अथवा मिथ्यात्व। मिथ्यात्व इस बात का, कि हमें अपने शत्रु और मित्र की पहचान नहीं है। हम शत्रु को मित्र और मित्र को शत्रु समझ बैठे हैं। कर्म हमारा शत्रु है, किन्तु हम उसे अपना पूर्ण हितैषी मानकर उसकी सेवा-शुश्रूषा और टहल-चापलूसी में लगे हैं। जो रोग को काटने वाले वैध जानकार हैं, उनसे हम दूर भागे हुए हैं, फलतः रोग हम पर हावी है और हमारे पास उसका कोई इलाज नहीं। यह कर्मशत्रु ऐसा चोर-शत्रु है कि यह चुपके से हमारे घर में घुसा पड़ा है। हमारे घर की सारी बत्तियाँ इसने बुझा दी हैं। चलने के रास्ते में अवरोध खड़े कर दिये हैं। अपने द्वारा तैयार किये गये नये-नये रसायनों से हमें सुला दिया है। कुछ ऐसे ड्रग हमें पिला दिये हैं और

अब भी पिलाए जा रहे रहे हैं कि हम नशे में धुत, अपना आपा खोये, अपंग और आलसी बने चारों कोने चित बेहोश पड़े हैं। वह हमारी चेतना के कानों में मीठी-मीठी ठगी-भरी बातें फुसफसा कर तसल्ली दिये रहता है या चालाकी भरा ब्लैकमेल करते हुए हमें आतंकित रखता है और हमारा स्वत्व हरण किये हम पर मालिकी कर रहा है। हम उसके पंजों में फँसे हैं, त्रस्त और पीड़ित हैं, किन्तु हम नहीं जानते कि इस त्रास और पीड़ा का मूल कारण हमारा अज्ञान है, जिसके बूते पर कर्म का प्रेत हम पर हावी है।

इस अज्ञान के वशीभूत हम मिथ्या चारित्र में संलग्न हैं। बदपरहेजी पर बदपरहेजी किये जा रहे हैं। हम इन्द्रियों के स्वाद के गुलाम हैं। वे जैसा कुछ माँगती हैं, हम उन्हें वही खाने को दे देते हैं। भक्ष्य-अभक्ष्य, पथ्य-कुपथ्य का कोई विवेक नहीं। मिथ्यादर्शन होने के कारण हम सच्चे वैद्य की सलाह को भी शक की निगाह से देखकर उसकी ओर से मुँह फेर लेते हैं। वैद्य की सलाह में हमें कोई श्रद्धान नहीं, फलतः हम इन्द्रियों की तृप्ति के लिए हिंसा, झूठ, चोरी, कुशील, परिग्रह, सभी पाप ओढ़े जा रहे हैं। यह कर्म बाँधने का दूसरा हेतु है जिसे अविरति कहते हैं।

हमारा पुरुषार्थ थक गया है। हम 'इनर्शिया' के शिकार हैं। 'इनर्शिया' का तात्पर्य है, कि यदि हम चल रहे हैं तो चल ही रहे हैं, रुक नहीं पा रहे हैं। और यदि रुक गये हैं, तो रुके ही पड़े हैं, चल नहीं पा रहे हैं। संसार की बहती धारा में हम सूखी लकड़ी के लट्ठे की तरह बहते जा रहे हैं, बस बहते ही जा रहे हैं। और यदि किसी अवरोध से रुक गये हैं तो बस रुके ही पड़े हैं सड़ने के लिए। चलने और रुकने में अपना कोई पुरुषार्थ नहीं है। हम परिस्थितियों के गुलाम हैं। परिस्थितियों से परे हम सोच नहीं सकते। यदि किसी के सम्बोधन से सोच भी लें तो उससे मुक्त होने की हिम्मत नहीं कर सकते। नतीजतन हम कर्म-शृंखला को सृजते और भोगते चले जा रहे हैं। अनन्त काल तक उसमें रमे हुए भोगते ही जाना है। रोग का कोई अन्त नहीं। उसके विषाणुओं की कॉलोनियाँ हम बड़े चाव से बसा रहे हैं और उन्हें अपने अस्तित्व का अभिन्न अंग मानते हैं। तब फिर उनसे मुक्त होने का प्रयत्न कैसा? यह 'इनर्शिया' प्रमाद संज्ञा से अभिहित है। यह कर्म-रोग का तीसरा हेतु है।

अविद्या, अविरति, प्रमाद के रूप में हमने देखा कि हम कितने बड़े दुर्भाग्य के विषय हैं। हम सब कुछ देख और जान सकते हैं, किन्तु हम

अविद्याग्रस्त हैं। हम संयम धारण कर स्वभाव में दीक्षित हो सकते हैं और सारे रोगों से मुक्त हो सकते हैं, किन्तु हम असंयत हैं और अपनी इन्द्रियों के गुलाम हैं। सारी इन्द्रियों के 'इन्द्र' हम हैं, किन्तु काम हम गुलामों का कर रहे हैं और गुलामी के स्तर पर स्वेच्छया जी रहे हैं। हममें पुरुषार्थ की अनन्त क्षमता है, किन्तु हम प्रमादी हैं और स्वकल्याण के लिए, रोगमुक्त होने के लिए कोई कदम नहीं उठा रहे हैं। जो कुछ हो रहा है, बस हो रहा है। हम लुट रहे हैं, कोई पुरसॉहाल नहीं। शत्रु की प्रेरणा पर हम अपने ही कैदखाने की दीवारें ऊँची कर रहे हैं और साधनों को ढो-ढोकर ला रहे हैं। उसकी बड़ी-बड़ी गाड़ियाँ बनायी हैं और उन गाड़ियों को हम और मजबूत करते हुए चिकना रहे हैं। उन्हें खूबसूरत नामों से सजाकर अपनी ही मौत का सामान ढोने में तत्पर हैं। वे गाड़ियाँ हैं प्रमुखतः क्रोध, मान, माया, लोभ, राग, द्वेष, रति, अरति, शोक, हास्य, पुंवेद, स्त्रीवेद, नपुंसकवेद आदि। ये सब कषाय हैं जो आत्मा को कसते हैं, किन्तु इन्हें हमने तरह-तरह के सुन्दर नाम दे रखे हैं। कोई नाम दे लो, इनके काम सनातन से ऐसे पुद्गलों को ढोकर लाना है, जिनसे नानाप्रकार के कर्मों की इमारतें ऊँची होती हैं। और उन इमारतों में हम और कड़ी से कड़ी बेड़ियाँ पहनाकर कैद किये जाते हैं। इस प्रकार कषाय कर्म-रोगों का चौथा कारण है।

कषाय की गाड़ियों से कर्म-मल अन्दर लाने का काम तीन द्वारों से होता है। ये द्वार हैं मन, वाणी और काय। इन द्वारों के खुले पटों से पुद्गलाणु खुले आम अन्दर आते हैं और अविद्याजनित कषायों के द्वारा हमारे जीवन की मुख्य धारा में समा जाते हैं। ये तीनों द्वार आस्रव और बन्ध के पंचम कारण हैं। इन पाँच कारणों से कर्म-रोग का आस्रव और बन्ध, आना और रुकना होता है। हम स्वतः इन कारणों को पालकर रोग का घर बने हुए हैं और त्रास पीड़ा से छटपटा रहे हैं।

अब देखना यह है कि यह कर्म-रोग हमारे अन्दर काम कैसे करता है। उसकी प्रविधि क्या है, रणनीति क्या है? बिना रणनीति समझे रोग के आक्रमण से बचाव नहीं हो सकता तथा उसे परास्त भी नहीं किया जा सकता।

कर्म-रोग की रणनीति

कर्मयोग्य पुद्गलाणु जैव अस्तित्व में आते-जाते हैं तथा कषायों की तीव्र-

मन्द स्थिति के अनुसार विभिन्न रूपों में बँधते जाते हैं। उनकी कर्मप्रकृतियाँ बनती जाती हैं। कर्मप्रकृतियों के निमित्त जो भी हों, किन्तु कषायरूप में उनके अन्तरंग कारण ही प्रमुख भूमिका रचते हैं। कषायों की चिक्कणता में लिपटे पुद्गलों के विभिन्न अणु-स्कन्ध आकाश-प्रदेशों का अवगाह घेरते हुए विभिन्न स्तरीय शरीर-रचना करते रहते हैं और स्थूल द्रव्य-गुण-पर्याय रूप प्रकटते हैं। उक्त संरचना समय के स्केल पर भी अनादि से बहती आ रही है। संरचना में क्षणों का उत्पाद-व्यय होता है और वह सामान्य काल-धारा में ध्रुव रहती है। इस प्रकार देश और काल की युति पर गुण-पर्ययवद् द्रव्य उत्पाद-व्यय-ध्रौव्य के त्रिलक्षण से 'सत्' संज्ञा धारण किये रहता है। यही देशकालिक 'सत्' सम्पूर्णतः हमारा जैविक अस्तित्व है जिसे हम धारण किये भोग रहे हैं।

यह अस्तित्व समय के स्केल पर बहती हुई एक अनवरत अविच्छिन्न चिद्धारा है। इस धारा के स्थूल एवं सूक्ष्म आयाम दोनों हैं। एक बहिर्मुखी है, दूसरा अन्तर्मुखी। दो आयाम समझने के लिए हैं, अलग-अलग करने के लिए नहीं। वे एक ही चिद्धारा के दो पहलू हैं, दो किनारे हैं, जो वस्तुतः अलग नहीं हो सकते। धारा से जीवन है। जीवन के स्थायी गुण हैं और अस्थायी लहरें। धारा बूँद-बूँद, क्षण-क्षण बहती हुई उत्पत्ति-विनाश के क्रम में ध्रुव द्रव्य वाली है। यही है हमारी सत्चित्धारा जो जीव और पुद्गल के मिश्रण का परिणाम है और हमारे स्थूल अनुभवों और वेदनाओं का अधिष्ठान है।

यह चिद्धारा एकरस नहीं है, समरस भी नहीं है। अपने पर्यावरण की गोद में इसके कलेवर में उथल-पुथल है, व्याकुलता है। सम्पूर्ण धारा में भँवरें घूम रही हैं। उन भँवरों के घरौंदों में हमारा अस्तित्व सुरक्षा का सहारा ढूँढ़ता है और उनमें रमता है, जैसे बैंगन में बैठा कीड़ा कुछ काल के लिए सुरक्षित महसूस करता है, किन्तु जैसे ही डाल से तोड़कर उसे चीरा जाता है, वह कीड़ा पुनः अशरण और असहाय हो जाता है। यदि बैंगन को न भी चीरा जाए तो भी वह स्वतः अपनी आयु पूरी कर सड़ने लगता है और उसमें बैठा चेतन कीड़ा त्रस्त होकर मरने को मजबूर हो जाता है। ये सम्पूर्ण कर्मोपधि भँवरें वस्तुतः रोग के कीटाणुओं की नर्सरियाँ हैं, जिनमें सुरक्षा की कल्पना से जीना अपने रोगों की उम्र बड़ी करना है और भवभवान्तरों तक दुःखों की शृंखला सृजते रहना है।

आधुनिक उपमा को लेकर समझें, तो बँधे हुए कर्मरोगों की सीरीज हमारे अस्तित्व के कैसेट में बन्द है। वह सूक्ष्म अदृश्य रूप में अपनी चित्रमाला सुरक्षित किये हुए है, जिसमें सुख-दुःख, हास्य-रुदन, रूप-विरूप सभी प्रकार के कथानक पिरोये हैं। जिनके अभिनेता पात्रादि सब कुछ कल्पनाप्रसूत मायावी हैं, वे हमारे अस्तित्व के विवेक की सारी बत्तियाँ बुझाकर क्रमशः उदय होकर अँधियारी स्क्रीन पर सिनेमाटोग्राफ—जैसी फीचर फिल्में मंचित कर रहे हैं, जिनमें हम अपना आपा खोये हुए रमे हैं और स्क्रीन से तादात्म्य स्थापित किये हुए हैं। हम स्क्रीन के पोर-पोर में अपने को बसाये हुए उस पर प्रकट हुए सुख-दुःख, हास्य-रुदनों के कर्ता होने का अहंकार पाले हैं और हमें मायोपम अन्धकार में अपनी वस्तुस्थिति को टटोलने की फुरसत ही नहीं है, फलतः हम बड़े सोचे-समझे ढंग से अपने उपयोग को कर्मों की सिनेमाटोग्राफिक स्क्रीन पर प्रक्षेपित कर सीरियल पर सीरियल पैदा किये चले जा रहे हैं और उनमें अपने को मदहोश किये हैं हसीन से हसीन सपनों में निरन्तर अनन्तकाल तक। दूरदर्शन के मुँगेरीलाल की तरह हमारा वास्तविक जीवन महा लीचड़ और गलाजत से भरा हुआ है, जिसे भुलाकर हम सपनों के खुशनुमा धारा-प्रवाह में खोये हुए हैं। ठीक वही स्थिति है हमारे जीवन-प्रवाह की, जिसे हम वर्तमान में जी रहे हैं।

सच पूछें तो हमारे चैतन्य की नौका कर्मों के इस भँवर-चक्र में बुरी तरह फँसी हुई है। वह निरन्तर डगमगाती हुई किसी भी समय डूब जाने की राह देख रही है। ऐसी विपन्न अवस्था में वह नौका अब मात्र त्रासदी की प्रतीक हस्तरेखा है, जिस पर मरने का आतंक हावी है। मौत, साक्षात् मौत का प्रेत हमारे सम्पूर्ण अस्तित्व को ग्रसे हुए है। हम प्रतिक्षण मौत के साये में जी रहे हैं। इस प्रेत की त्रासदी से बचने के लिए प्रत्येक व्यक्ति उद्योगशील है। अधिकतर वे इस बचाव के मिस मुँह फेरकर जीना चाहते हैं। संसार के अनेकानेक कामों में रमे पड़े हैं। कर्मोदयजन्य मन और शरीर में जो भी परिणाम पैदा होते हैं उन सबका उत्तरदायित्व मन और कारणों पर मढ़ते हैं। अन्तरंग कारणों की खोज करने मात्र से उन्हें डर लगता है, क्योंकि अन्तरंग में बैठा हुआ प्रेत तब दिखाई दे जाता है और वे पुनः भागकर घर से बाहर देहलीज पर आ बैठते हैं।

अन्तरंग में वस्तुतः सम्पूर्ण अस्तित्व एक गहरा समुद्र है, जिसमें धूलिकण-मिश्रित चैतन्य की ऊर्जा गहरा रही है। जिसके तल में गहरी कोच है। जिसकी

सतह पर ऊँची-ऊँची लहरों का विवर्तन है। जिसके सम्पूर्ण कलेवर में अन्तर्धाराएँ निरन्तर परिक्रमा कर रही हैं। अन्तरंग-उद्वेलन और बाह्य पर्यावरणीय कारणों से सम्पूर्ण अस्तित्व में उथल-पुथल है। अन्तर्धाराओं की प्रणालियों से भीतर की घुटन-भरी उथल-पुथल सतह पर आना चाहती है। यह घुटन भरी उथल-पुथल ही कर्म-ग्रन्थि है जो अपनी अवधि पूरी कर सतह पर उदित होकर क्षीण होना चाहती है। उसका सतह पर उदय होना ही अनेक लक्षणों को पैदा करता है, जो कि रोग के लक्षण कहलाते हैं। वे लक्षण पैदा ही इसीलिए हुए हैं कि एक अवधि के भीतर पूरी तरह व्यक्त होकर शमित हो जाएँ और उनके माध्यम से चैतन्य की ऊर्जा शुद्ध होकर अपने पुंज में वापस चली जाए, किन्तु दुर्भाग्यवश हम इस रोगोत्पत्ति के दर्शन को समझते नहीं हैं और इसका पूरा उत्तरादयित्व बाह्य परिस्थितियों पर थोप देते हैं। इसका उपचार बाह्य पद्धति से ही करने लग जाते हैं, फलस्वरूप हम स्वत: चैतन्य की शुद्धिकरण-प्रक्रिया में बाधक बन जाते हैं तथा अपने अज्ञान, अविरति, प्रमाद, कषाय तथा योग जैसे उपर्युक्त आस्रव और बन्ध के कारणों को तेज कर पहले से अधिक घातक रोगों को अपने अन्दर समा लेते हैं।

भव रोग की प्रकृति

ग्रीक मिथक है कि सिसीफस से देवता नाराज हो गये और उसे सजा दी कि वह पहाड़ी पर नीचे से पत्थर लुढ़काता हुआ ऊपर ले जाए। जब पत्थर ऊपर पहुँचा कि लुढ़ककर वह फिर नीचे आ गया। सिसीफस फिर उसे चढ़ाने लगता है और जैसे ही ऊपर पहुँचता है कि पत्थर लुढ़ककर फिर नीचे आ जाता है। सिसीफस अनन्तकाल तक इसी प्रकार पत्थर ऊपर चढ़ाने और उसी के साथ लुढ़ककर नीचे आ जाने के लिए अभिशप्त है। यह है सिसीफस की नियति और उसके पुरुषार्थ का थोथा परिणाम। हमारा पुरुषार्थ भी सिसीफस के पुरुषार्थ से भिन्न नहीं है।

हमने इतनी भारी प्रगति कर ली है कि कभी हम ढच्चर-ढच्चर बैलगाड़ी या ऊँटगाड़ी पर दिन-भर में अढ़ाई कोस चल पाते थे, आज हम उतने समय में ही हजारों मील दूर अमेरिका पहुँचते हैं और कुछ दिनों बाद ही ग्रह-उपग्रहों में पहुँचेंगे। इसी प्रकार विज्ञान की कृपा से हमने अपनी इन्द्रियों के विषय रूप-रस-गन्ध-ध्वनि-स्पर्श सभी की ग्रहण-क्षमता में

अभूतपूर्व वृद्धि की है, जिसके आधार पर हमें अहंकार हो गया है कि हमने प्रकृति को अपने शिकंजे में कस लिया है। वह हमारी गुलाम हो गयी है। हम उसके पूरे खजाने के मालिक हो गये हैं। यह मालिकी हासिल करते-करते कभी आदिमानव का राजा ऊँचे पत्थर पर बैठकर हुक्म चलाता था, तो मुगल बादशाह शाहजहाँ ने तख्तेताऊस बनवाकर हुक्म चलाया, अब उससे भी अधिक सुख-सुविधाओं से भरे वातानुकूलित चैम्बर से हुक्म चलाया जा रहा है। इन तीनों स्थितियों में क्या फर्क है? पत्थर तीनों ही जगहों पर है, कहीं खुरदरा, तो कहीं हीरे-पन्नों वाला चमकदार, तो अब और तरह से चिकनाया हुआ। इनमें गुणात्मक अन्तर कहाँ मिला? जो आदिमानव का राजा करता था, वही आज का शासक भी करता है। जो तब का मनुष्य करता था—आहार, निद्रा, भय, मैथुन, वही / उसी तरह से आज का मनुष्य भी कर रहा है। तो क्या इतनी प्रगति का दम हाँकने के बाद हम वहीं के वहीं नहीं हैं? क्या फर्क पड़ता है कि एक सामान्य बुद्धि-लब्धि का आदमी बैलगाड़ी में चले या जेटयान में उड़े। उस आदमी के मौलिक अस्तित्व में कौन-सा परिवर्तन हुआ? वह वहीं का वहीं रहा, बल्कि यह विकार और आया कि उस वहीं के वहीं आदमी को यह बहम हो गया कि वह वहीं का वहीं नहीं रहा, वह नया कुछ हो गया है जबकि नया कुछ हुआ नहीं।

वैज्ञानिक चिन्तन हमारा आधुनिक जीवन-दर्शन बना है। विज्ञान की निगाह में वही कुछ सही है जो हमारी इन्द्रियों से प्रत्यक्षतः या परोक्षतः सत्यापित हो सके। जो इन्द्रियों की पकड़ में नहीं आता, यह सत्य नहीं है, कोरी बकवास है। अतः आत्मा, परमात्मा, कर्म, परलोक, मृत्यूत्तर जीवन, पुनर्जन्म, दिव्य तत्त्व, स्वर्ग, नरक, देव-योनियाँ, परम सुख आदि चीजें विज्ञान की निगाह में कोरी बकवासबाजी हैं, क्योंकि ये इन्द्रियों की पकड़ में नहीं आतीं। यह अज्ञानी लोगों को बेवकूफ बनाकर उनका स्वत्वहरण करने की जालसाजी है। धर्म बिलकुल धोखाधड़ी है। धर्म-संस्थाएँ लोगों को ठगने के अड्डे हैं। धर्मों के इष्ट-देवता, पीर-पैगम्बर, साधु-आचार्य सबके सब निठल्ले लोगों की जमात हैं, जो दूसरों के श्रम और उत्पादन पर पलते हैं। और ढोंग-भरी अप्रामाणिक बातें कर अपना और दूसरों का समय बर्बाद करते हैं। असली सत्य भौतिक सत्य है। असली सुख भौतिक साधनों के भोग से उपजा हुआ सुख है। यही सुख जीवन का चरम साध्य

है। इसी सुख से फिर आगे के सुख—मानसिक, बौद्धिक, आत्मिक (यदि होता भी हो, तो) पैदा होते हैं। यह सब का सब स्थूल इन्द्रियों के स्तर पर श्रम और पुरुषार्थ से होता है। विज्ञान ने यही सब किया है, कर रहा है और उसने अचिन्त्य रूप से विकास कर मानव-सभ्यता को कहीं-का-कहीं पहुँचा दिया है।

इसी विज्ञान की कृपा से मनुष्य सुख की उत्तेजनाएँ जी रहा है। बौद्धिक स्तर पर ऐन्द्रिक संवेदनाओं के तथ्यों को गणित के सूत्रों और समीकरणों में पिरो रहा है तथा प्रकृति के नित-नये रहस्यों का उद्घाटन करते हुए सुविधाओं के और अधिक साधन जुटा रहा है। इतनी गम्भीर बौद्धिक व्यस्तता तथा तकनीकी कार्य-दक्षता में मनुष्य को इसके आगे सोचने का अवकाश भी नहीं है, फलतः एक निश्चित घेरे में बन्द सामान्य मनुष्य इसे ही सब कुछ समझते हुए थ्रिल और उत्तेजनाओं की जिन्दगी को ही चरम मूल्य मान बैठे, तो इसमें अस्वाभाविक भी क्या है? इसीलिए आँखें बन्द कर वह वर्तमान की उत्तेजनाओं में बहता हुआ अपनी वास्तविक अस्मिता से बेखबर है और सुखी होने की घोषणा किये हुए है। उसने घोषणा की है कि—

1. उसका यह उत्तेजना-भरा सुख स्थायी है, अनित्य नहीं है।
2. वह सब का और खुद का मालिक और त्राणदाता है, अशरण नहीं है।
3. वह अपने रचे हुए समाज का अभिन्न अंग है, अकेला नहीं है।
4. यह संसार सुख का सागर है, दुःख नहीं है।
5. यह स्थूल संसार ही सब कुछ है, वह खुद इससे विलक्षण चीज कुछ नहीं है।
6. यह संसार और अपना शरीर सुन्दर और पवित्र चीज है, अशुद्धि/अशुचि नहीं।

फलतः वह रमा हुआ है, आद्यन्त, ऊपर-से-नीचे तक संसार की एक-एक पर्याय में, एक-एक बूँद सुख में त्रैकालिक सुख की विडम्बना को सँभाले हुए। उसने सुख के भौतिक पहाड़ इकट्ठा किये हैं और करता चला जा रहा है। तृष्णा का कोई अन्त नहीं, अतः तेज से तेज साधनों को जोड़कर तृप्ति के ढेर-सारे साधन उत्पादित किये जा रहे हैं। भले ही उससे पर्यावरण का विनाश हो रहा हो, एकेन्द्रिय से पंचेन्द्रिय तक सभी जीवों का

संहार किया जा रहा हो, धरती के गर्भ में छिपे संचित खनिजों, नदियों में बहते जलों, पहाड़ों पर उगे शैलों और वनस्पतियों का निरर्थक सत्यानाश हो रहा हो और प्रदूषण से प्रकृति का बेहाल हो रहा है। वह धरती के गर्भ में छिपे अधिक-से-अधिक तृप्ति-जन्य सुख का प्यासा है। प्यास बुझाने के लिए भीषण आपाधापी का बाजार गर्म है। प्यास बुझाने के लिए स्रोत पर-स्रोत खोदे जा रहे हैं। सारे स्रोत खाली हो रहे हैं, किन्तु प्यास अपनी जगह है। उसकी तीव्रता घटने की बजाय बढ़ती जा रही है। मनुष्य उत्तरोत्तर प्यास से बेहाल हुआ अधिक, और अधिक साधन संग्रह कर रहा है, किन्तु नतीजा क्या है, यह देखने की चीज है।

सुख-सुविधाओं के सारे साधन जुटा लेने के बाद भी मनुष्य को चैन की नींद नहीं। उसे प्रतिदिन प्रशान्तक खाने की जरूरत पड़ती है। व्यस्तता के क्षणों से निवृत्त होते ही उसके हृदय की धौंकनी तेज होने लगती है। वह डरने लगता है। अपने से ही डरने लगता है। उस समय सारे वैभव के सामान उसके सामने पड़े हुए उसकी मदद करने नहीं उठते। जिस सुख को उसने नित्य कहा था, बड़े घमंड से घोषणा की थी, वह सुख थोड़ी ही देर में गायब हो जाता है। दु:खों का नरक न जाने कहाँ से सहसा उदित होता है। वह नरक के उपसर्ग से घबराकर अकेलापन छोड़ भीड़ की तरफ भागता है। भीड़ के अधिकांश लोग उसी तरह अपने अकेलेपन की विभीषिका से मुँह छिपाकर भागे हैं और भीड़ में आ छिपे हैं। ये सभी भीरु लोग हैं जो एकान्त की रणभूमि से पीठ दिखाकर भागे हैं और भीड़ में शामिल होकर कुछ ऐसे उत्तेजनों की तलाश में हैं, कि जिससे उनका ग़म गलत हो सके और वे कुछ पराक्रम का प्रदर्शन कर सकें। फलत: वे एकान्त के पिटे हुए लोग भीड़ में दूसरों को पीटने का शौर्य अर्जित करते हैं। बस, होड़ है परस्पर एक-दूसरे को अधिक-से-अधिक पीटने की, त्रस्त करने की, पीड़न और शोषण करने की। जो जितना ही दूसरों को पीट सकता है, त्रस्त कर सकता है वह उतना ही बड़ा वीर, नरपुंगव गिना जाता है। अत्यधिक कायर व्यक्ति ही भीड़ में अत्यधिक वीर-बहादुर होने का सम्मान पाता है।

ये वीर-बहादुर लोग वस्तुत: बौने हैं अपनी निगाह में। नये मनोविज्ञान की शब्दावली में हीनता-ग्रन्थि से ग्रस्त, अपराध-बोध से त्रस्त। अत: अपने बौनेपन के हीन भाव से मुक्ति पाने के लिए वे पराक्रम का नाटक करना चाहते हैं ताकि भीड़ 'वाह-वाह' करे और वे आश्वस्त हो जाएँ कि वे बड़े

हो गये हैं। वे परपीड़न करते हुए योद्धा या सत्ताधीश बनकर बड़े कहलाएँ या दूसरों को धोखा देकर सम्पत्ति अर्जित कर ऐश्वर्यवान कहलाएँ, वे नेता, गुरु या समाजसेवी बनकर बड़े बनें। हर प्रकार से अपने को तसल्ली देनी है कि वे भीड़ में भागकर भी उपयोगी भूमिका निभा रहे हैं और वे बड़े जन हो गये हैं, किन्तु हद है, इतना बड़प्पन लाने के बाद भी थोड़ी-सी फुर्सत मिलते ही वे फिर अकेले हो जाते हैं। अब तो भीड़ के बीच में ही अकेलापन महसूस होता है, क्योंकि जितने लोग आस-पास उनकी जय बोलते हुए इकट्ठा हुए थे, अपना उल्लू सीधा करने के बाद साफ खिसक लिये और उन्होंने मुड़कर भी नहीं देखा। कुछ तो उनकी पीठ में छुरा घोंपकर चलते बने। अब उन्हें अपना कोई सहायक दिखाई नहीं देता। सबको शरण देने का अहंकार चूर हो गया है और खुद अशरण दिखाई पड़ते हैं।

घोषणा की थी कि संसार सुख-का सागर है, क्योंकि कोढ़ी शरीर में खुजली थी। खुजलाने से बहुत सुख मिला, किन्तु खुजलाने से खुजली और बढ़ी तो और अधिक खुजलाया और पहले से और अधिक सुख अर्जित किया। इसी तरह खुजली बढ़ती गयी, खुजलाने का पुरुषार्थ बढ़ता गया, पुरुषार्थ-जन्य सुख बढ़ता गया, किन्तु इस सुख की अन्तिम रेखा तो कहीं आनी ही थी, क्योंकि पुरुषार्थ की सीमा निश्चित थी। फलतः उस सीमा के बाद खुजली तो बढ़ती गयी, पुरुषार्थ घटता गया और अब अर्जित हुए सुख का वक्र ऋणात्मक होकर नीचे चलने लगा। वह सुख कई-कई गुना दुःख में परिवर्तित होने लगा और दुःख संख्यात-असंख्यात गुना रूप से व्यक्ति को चारों ओर घेरने लगा। कोढ़ी का कोढ़ अब असाध्य रोग हो गया। उसका पूर्वघोषित संसार जो सुख का सागर था, अब दुःख का पारावार होने लगा। 'सर्वं दुःखम्' एक मात्र सही उक्ति दिखाई पड़ने लगी और वह व्यक्ति आत्महत्या करने के लिए चल पड़ा। वही एक मात्र रास्ता रह गया उसके लिए। क्या आज की बढ़ी हुई आवश्यकता—माँग और साधन-पूर्ति के अर्थशास्त्रीय चिन्तन का परिणाम यही कोढ़ रोग नहीं है? संसार को सुख से पाट देने वाले समृद्ध देशों में ही आत्महत्या की संख्या सर्वाधिक है। उनका सुख कोढ़ी का सुख है, जिसकी अन्तिम परिणति है आत्महत्या। और वह परिणति हमारे सामने उजागर है। संसार दुःख के अलावा कुछ और है ही नहीं। क्या यह तीर्थंकरों और बुद्धों की उक्ति सही नहीं है?

संसार में आपाद-मस्तक डूबे हुए जन को संसार के अलावा और

कुछ सत्य दिखाई ही नहीं पड़ता। उसे न दिखाई पड़े, किन्तु अनुभूतियों के अन्तर्विरोध अपनी जकड़ कसते जाते हैं। अन्तर्विरोधों की जकड़ें अन्तरंग में भँवरें बनकर घूमने लगती हैं। भीतर से वृद्धिंगत आवश्यकताएँ दस्तक देती हैं और अपनी तृप्ति का सामान माँगती हैं। तृप्ति एक सीमा से आगे हो नहीं सकती। तो अतृप्त वासनाएँ अन्तरंग के गहन अन्तराल को मथने लगती हैं। वे भूखी शृगालियाँ भीतर चक्कर मारने लगती हैं और बार-बार सतह पर आकर शोर मचा जाती हैं। उनका प्रजनन भी चालू है। संख्या बराबर बढ़ रही है। उस पर कोई रोक नहीं। भीतर का दबाव बढ़ता जाता है। व्यक्ति किंकर्तव्यविमूढ़ घुटने लगता है। घुटन परत-दर-परत बढ़ती जाती है और अब वह व्यक्तित्व की भीतरी दीवारें भी तोड़ने लगी है। अतृप्त वासनाओं की दस्तकों से भीतर के किवाड़ टूटने लगते हैं और वे वासनाएँ रात के अँधेरे का मौका पाकर नंग-धड़ंग बाहर आ जाती हैं। बस, फिर क्या, चोरी और झूठ, हिंसा और कुशील का तांडव शुरू होता है।

संसार को ही अपनी आत्मा मानने वाला व्यक्ति इन वासनाओं को अपनी आत्मा की माँग मानकर इनमें रमता जाता है। उसके आत्म-संघर्ष का इसके आगे कोई अन्त नहीं। व्यक्ति घुटता, टूटता, लड़खड़ाता अन्ततः समर्पण कर देता है वासनाओं के आगे और एक दिन मनोचिकित्सक घोषित कर देता है कि यह व्यक्ति पागल हो गया है। पूर्णतः विक्षिप्त और अब इसका कोई इलाज नहीं है। द्रष्टव्य है, पागलों की भी सर्वाधिक संख्या उन्हीं देशों और समाजों में है जो विज्ञान के सबसे बड़े अलमबरदार हैं और आधुनिक सभ्यता के शिखर निर्माण कर रहे हैं।

शरीर को अपनी आत्मा मानने वाले ये पागल लोग शरीर को ही अत्यधिक सुन्दर और पवित्र चीज भी मानते हैं। पहले तो पागल में सैन्दर्य-बोध होता ही कहाँ है। वह तो अपनी अतृप्तियों का मारा प्राणी होता है। फिर भी यदि मान लें कि उसकी दृष्टि सौन्दर्य आँकने में पूर्ण समर्थ है, तो प्रश्न होता है कि सौन्दर्य वस्तुनिष्ठ धारणा है या आत्मनिष्ठ? एक ही वस्तु एक व्यक्ति को सुन्दर लगती है तो दूसरे को असुन्दर। अब इनमें से कौन सही है? वस्तुनिष्ठता के लिहाज से तो इनमें से एक ही कथन सही हो सकता है। वस्तु या तो सुन्दर होगी या असुन्दर, किन्तु दृष्टि-भेद से वह सुन्दर और असुन्दर दोनों ही सही है।

तो सौन्दर्य वस्तुनिष्ठ धारणा न होकर आत्मनिष्ठ धारणा ठहरी। अब

यदि वह आत्मनिष्ठ धारणा ठहरी, तो वह आत्मा शरीर की इन्द्रियानुभूति तक ही सीमित रही या इन्द्रियों से परे कुछ? यदि वह इन्दियों तक ही सीमित है, तो इन्द्रिय-संवेदनाएँ मस्तिष्क-पटल पर अंकित होती हैं, जिन्हें शारीरिक मस्तिष्क अपनी भौतिक ऊर्जा के बल पर एक सूत्र में पिरो कर कल्पना का सहारा लेते हुए प्रत्यक्ष बोध का रूप देता है। मात्र प्रत्यक्ष बोध सौन्दर्य-बोध नहीं कहलाता। उसके साथ अन्तरंग की अनुभूति भी जुड़नी चाहिए। मान लिया, वह अनुभूति भी बाहर से अर्जित होकर उसी संवेदना से जुड़ी और वह सौन्दर्य-बोध में बदल गयी। तो क्या उस अनुभूति में व्यक्ति के अन्तरंग में मथती हुई अतृप्त वासनाएँ अछूती रह सकती हैं। वे वासनाएँ तो अनुभूतियों की अभिन्न अंग हैं। तो इसका तात्पर्य हुआ कि व्यक्ति के सौन्दर्य-बोध में अतृप्त वासनाओं की महत्त्वपूर्ण भूमिका है। जो व्यक्ति जैसी वासनाओं का शिकार है वह बाह्य वस्तु को वैसा ही सुन्दर या असुन्दर महसूस करने को मजबूर है। जब वह व्यक्ति शरीर को सुन्दर और शुचित कहता है, तो निश्चय ही उसके सौन्दर्य-बोध का निर्णय वासनात्मक है, अवासनात्मक नहीं। अवासनात्मक वह तभी हो सकता है, जब वह अपने सौन्दर्य-बोध के दर्शन को भौतिकवाद की परिधि से अलग कर उसे अतीन्द्रियता से जोड़े। अतीन्द्रियता की परिधि में कोई व्यक्ति वासनाओं के स्तर से ऊपर उठ सकता है। तभी उसका सौन्दर्य-बोध शुद्ध और शुचि हो सकता है, किन्तु दुर्भाग्यवश आज का अनुभववादी मनोविज्ञान इस अतीन्द्रियता को मान्य नहीं करता, फलत: उसका सम्पूर्ण सौन्दर्य-बोध वासनात्मक अशुद्धि और अशुचिता की श्रेणी में पहुँच जाता है। ऐसे अशुभ सौन्दर्य-बोध के गायक कवि मात्र कुंठाओं, वर्जनाओं, और वासनाओं के गीत ही रचते गाते हैं। शुद्ध सौन्दर्य उनकी पकड़ से बहुत बाहर की चीज रहती है। जब आचार्य कुन्दकुन्द सौन्दर्य की परिभाषा में कहते हैं—

एयत्तणिच्छयगओ समओ सव्वत्थ सुन्दरो लोए।

अथवा

एकत्व निश्चय को प्राप्त (आत्मा की) जो समय अवस्था है वही लोक में सर्वत्र सुन्दर है। तो इन कवियों को इस पुरातन अमर कवि और गायक की गाथा समझ में नहीं आती। आये भी कैसे, जब आज के रचयिता गायक कुन्दकुन्द जैसे रचयिताओं के धरातल तक पहुँचें तब न!

सौन्दर्य-बोध की ऐसी विकृत सम्बोधना ने व्यक्ति को यथार्थ-बोध

से दूर फेंक दिया है। पश्चिमी जगत् की सम्पूर्ण साहित्यिक रचनाएँ और संगीत की सुर साधनाएँ ऐसी ही ऐन्द्रिक उत्तेजनाओं को जाग्रत करने के लिए रत हैं। आज का अधिकांश सिने-संगीत और कथा-साहित्य ऐसे ही वासनात्मक सौन्दर्य-बोध का शिकार है, जिससे समाज में गहरी मादकता और मांसलता का बाजार गरम है। विलासिता इन्हीं से वृद्धिंगत है, जिसका सीधा सम्बन्ध है आधुनिक उद्योगों और व्यवसायों से, जो इन विलासी आवश्यकताओं की बढ़ती हुई माँग को पूरा करने में लगे हुए हैं और जिससे तनाव, घुटन, टूटन, अकेलापन, हिंसा, क्रूरता और अन्ततः पागलपन बढ़ रहा है। यह सारा का सारा दूषित जीवन-दर्शन और उसकी उल्टी लॉजिक पश्चिम के उन देशों में जनमी है जो आज की सभ्यता के अग्रणी उन्नायक हैं और उसे पूरी धरती पर अपनी स्वार्थपूर्ति के लिए निर्यात कर रहे हैं तथा पूरी धरती को एक ऐसी स्थिति की ओर घसीट लाये हैं, जहाँ मानवता के आगे दोनों ओर खाई और खन्दक हैं। आत्महत्या, टूटन उसकी अनिवार्य परिणति है।

ओ पश्चिम के डार्बिन प्रभृति विकासवादी विचारको! तुमने जीवों की जीवन-शृंखलाओं में निरन्तर विकास की प्रक्रिया देखी है। कृपया बताओ उस विकास की अन्तिम मंजिल क्या है? यदि मात्र शरीर अंगों का बढ़ना-घटना ही विकास है, तो इस विकास से इन जीवों का क्या भला होता है? विकास में यदि गुणात्मक परिवर्तन नहीं होता, तो उससे कोई नयी प्रजाति की उपज नहीं कही जा सकती। यह तो सिसीफस के भाग्य की ही पुनरावृत्ति आप कर रहे हैं। सिसीफस का पत्थर छोटा हो या बड़ा, ऊपर जाए या नीचे, उससे सिसीफस की नियति में विकास क्या हुआ? यदि सिसीफस अपने प्रत्येक कदम पर अभिशाप से मुक्त होता जाता और अन्ततः मुक्त हो जाता, तो यह उसके जीवन का गुणात्मक परिवर्तन कहा जा सकता है। मात्र पत्थरों के वजन और रंग बदलने से उसके भाग्य में मौलिक परिवर्तन हुआ है, यह तो नहीं कहा जा सकता है। उसी प्रकार जीवों के अंग-परिवर्तन को विकास नहीं कहा जा सकता, जब तक उस अंग-परिवर्तन को जीव की किसी अभौतिक अन्तरंग रचना के परिर्वतन से न जोड़ा जाए। यह विकासवादी दर्शन पूरी तरह लँगड़ा सिद्धान्त है, जिसने पूरे चिन्तन जगत को पंगु बनाया हुआ है और पूरी मानवता के भाग्य को एक गहरी त्रासदी में धकेल दिया है। इसकी पुनर्व्याख्या जरूरी है।

आधुनिक मनोविश्लेषण का प्रवक्ता सिंगमंड फ्रायड आज के आदमी के व्यवहार का अध्ययन कर ठीक ही कहता है कि आदमी पशु पहले है, आदमी बाद में। आदमी देवता नहीं है। उसे थोड़ा-सा खुरचिए तो उसमें आपको एक जंगली पशु बैठा हुआ साफ दिखाई पड़ेगा। जब आदमी देवता बनने के जोश में अपने पशु पर पर्दा डाल देता है, या उसे दबा देता है, तो उसकी सारी मानसिक समस्याएँ शुरू हो जाती हैं। पशु धीरे-धीरे घुटता हुआ उग्र और भयंकर होता जाता है। मन की अन्तः रचना को तोड़ता हुआ व्यक्तित्व का विभाजन करता जाता है और मनुष्य के अन्तरंग को एक भीषण युद्ध-स्थल का रूप दे देता है। इसलिए आदमी अकेलेपन से डरता है, क्योंकि अकेले में उसका पशु उसके मुकाबले में खड़ा मिलता है, इतना डरावना कि वह ऊपर से नीचे तक काँप जाता है और उल्टे पैरों भाग खड़ा होता है भीड़ की शरण में। भीड़ के बाद, पागलपन और पागलपन के बाद आत्महत्या की दिशा में उसकी अगली मंजिल होती है।

लेकिन इस त्रासदी का उपचार क्या है? पश्चिम के ही दूसरे प्रवक्ता विचारक ज्याँ पाल सार्त्र घोषित करते हैं कि इसका कोई इलाज नहीं है। मनुष्य त्रस्त होने के लिए ही जीता है। वह त्रस्त जीवन जीने के लिए अभिशप्त है। उसे धैर्यपूर्वक अपनी मौत की ही प्रतीक्षा करनी है। मनुष्य पैदा ही होता मौत की प्रतीक्षा करने के लिए लेकिन ऐ सार्त्र, क्या मौत से त्रासदी का अन्त हो जाता है? इस बिन्दु पर मौन क्यों हो? इसलिए न, कि तुम्हारी तकनीक मौत के आगे की स्थिति को नहीं देख पायी अन्यथा यह सच है, इस त्रासदी का अन्त मौत के बाद भी नहीं है। उसकी शृंखला अनन्त है, जो अनादि से चली आ रही है। यदि तुम जन्म से पहले और मौत के बाद की शृंखला को भी पूरी तरह देख पाते तो शायद तुम्हें सम्यक् सम्बोध हो जाता। यह त्रासदी अनादि और अनन्त है। यह सान्त हो सकती है केवल सम्यक् पुरुषार्थ से। आइए, जैन शास्ता के साथ थोड़ा मिलकर सोचें, तो शायद तुम्हारा चिन्तन सही दिशा ले सके और उसका अधूरापन दूर हो सके। विचार कीजिए निम्नलिखित छह आर्य भावनाओं पर, जिन्हें आपने नकार दिया, लेकिन जो जीवन का शाश्वत सत्य उजागर करती हैं :

(1) संसार और जीवन की कोई पर्याय स्थिर नहीं है, नित्य नहीं है। प्रत्येक जीव का भाग्य प्रतिक्षण बदल रहा है। मौत अवश्यम्भावी है। —अनित्यभावना

(2) किसी जीव का कोई शरणदाता नहीं है। सब अपने-अपने कर्मों का भुगतान कर रहे हैं। —अशरण भावना

(3) संसार में दु:ख ही दु:ख है। सुख अन्ततः दु:ख का ही पर्याय है। —संसार/दु:ख भावना

(4) कोई जीव किसी अन्य का साझीदार नहीं है, सब कुछ उससे अन्य और वह सर्वथा अकेला है। —अन्यत्व भावना

(5) संसार से विलक्षण और अकेला जीव अपने में अविघटनशील इकाई है। उसका जन्म-मरण दूसरों के जन्म-मरण से बँधा हुआ नहीं है। सम्पूर्ण उत्पाद-व्यय के बीच वह स्वयं एक ध्रुव व्यक्ति/सत्य है। —एकत्व भावना

(6) संसार में लिप्त जीव का अस्तित्व अशुद्ध/अशुच है। वह सुन्दर नहीं है। —अशुद्धि/अशुचि भावना

उपरिलिखित छह आर्य भावनाएँ आपको जीवन के यथार्थ धरातल पर उतारती हैं। मौत, अशरणता, दु:ख, अकेलापन, विलक्षणता, अशुचिता सब जीवन के कठोर सत्य हैं। इन्हें किसी भी दबाव या अज्ञान से नकारना अपने अन्दर अन्तर्विरोधों को जन्माना है और अन्तर्विरोधों से ग्रस्त व्यक्ति घुटन, टूटन और अकेलेपन की त्रासदी झेलने के लिए अभिशप्त है।

जो सत्य है, वह सत्य ही रहता है। किसी के नकारने से वह असत्य नहीं हो जाता। बल्कि नकारने से वह सत्य सिर पर चढ़कर बोलता है। आधुनिक आदमी ने इन सारे सत्यों को नकारना चाहा और इनके विपरीत स्थितियों के सत्य होने के फतवे दिये। फिर उन फतवों के नशे में जीवन को भीड़ का अभिन्न अंग बना दिया। 'स्वसमयत्व' को नकारकर भीड़ के परसमयत्व को ओढ़ लिया। अपने निजी गुणों और कानूनों की उपेक्षा कर भीड़ के कानूनों का गुलाम हो गया। अपने गुणों का विकास करने की बजाय वह बाह्य पर्यावरण के विकास में जुट गया और अपनी सारी शक्ति लगा दी बाहरी महल को सजाने-सँवारने में। नतीजा हुआ, इस बाहरी विकसित परिवेश में अविकसित स्वत्व बौना होता गया। जितना ही परिवेश विकसित और समृद्ध होता गया, व्यक्ति का स्वत्व छोटा और नगण्य बनता गया। परिवेश उस पर हावी होता गया। वह परिवेश का गुलाम बनकर घुटन और टूटन का शिकार होता गया। फिर जिस भीड़ से दोस्ती कर उसे उसने अपना आका बनाया और अपने अकेले होने के शाश्वत सत्य को नकारा,

अब उसी भीड़ में व्यक्ति अकेला महसूस करने लगा। अब उसकी घुटन भी अकेली हो गयी। उसकी घुटन को कोई सहारा देने वाला भी नहीं रहा। वह बेसहारा, अशरण हो गया अपनी सुख-सुविधाओं से भरे गगनचुम्बी महलों में। उसकी सारी घुटन और टूटन उसके भीड़ भरे अकेलेपन के आँगन में अपना सिर कूटने लगी, विलाप करने लगी और कोई तसल्ली देने वाला, सहानुभूति के दो शब्द कहने वाला भी उस भीड़ में से नहीं निकला। सारे परिजन पत्नी, पुत्र, सेवक मुँह मोड़कर एक तरफ को हो गये। ऐसी भयंकर त्रासदी बन गयी, गहनतम दुःखों का आगार यह जीवन-शृंखला जिससे निपटने के लिए उस बेचारे वस्तुवादी वैज्ञानिक और इसके अन्ध समर्थकों के पास कोई चारा नहीं। वह शाश्वत सत्य, छह आर्य भावनाएँ इस प्रकार सिर पर चढ़कर बोलने लगीं किन्तु उस वैज्ञानिक सोच से त्रस्त भीड़ को आगे की आर्य भावनाएँ प्राप्त न हो सकीं और अस्तित्ववादी सार्त्र ने इस त्रासदी को असाध्य रोग कहकर छोड़ दिया। 'ईश्वर मर गया है' की घोषणा करने वाला सुपरमैन नीत्शे अन्ततः पागल होकर बीच सड़क में दम तोड़ गया। फ्रायड ने इसी त्रासदी के इलाज के लिए मनोचिकित्सक-तन्त्र विकसित किया और उसे आंशिक सफलता भी मिली, किन्तु तन्त्र का अधूरापन अपनी सही दिशा में भी कुछ अधिक दूर तक कदम न बढ़ा सका। एडलर और जुंग भी कुछ अधिक मदद न कर सके और आज सारी दुनिया बड़ी आशा-भरी निगाह से निहार रही है उस आद्यगुरु हिरण्यगर्भ ऋषभेश्वर की पुण्यभूमि भारत की ओर कि शायद फिर मिल सके संजीवनी बूटी इस घुटते-टूटते, ढहते, त्रस्त मानवता के जर्जर रोगग्रस्त ऐतिहासिक कलेवर को।

तो आवें, अगली छः आर्य भावनाओं का उद्‌घाटन करें पूर्ववर्ती छः भावनाओं के कठोर सत्य से उबरने के लिए। आखिर कब तक इस अपरिहार्य त्रासदी की शिकार रहेगी यह मानवता!

उबारक आर्य-भावनाएँ

प्रश्न है, कि आखिर यह घुटन और टूटन की त्रासदी है क्यों? यह इसलिए नहीं है कि व्यक्ति अकेला है, संसार अनित्य है, देह अशुचि है, बल्कि इसलिए कि उसने इन सारे यथार्थ सत्यों को सही परिदृश्यों में नहीं देखा-समझा। उसे इनका सम्यक् बोध नहीं हुआ। वह मिथ्या दृष्टि का शिकार रहा। सही है—

धन कन कंचन राजसुख सभी सुलभ कर जान।
दुर्लभ है संसार में एक जथारथ ज्ञान।

अर्थात्—संसार में सारे भौतिक सुख मिलना सुलभ हैं, किन्तु यथार्थ ज्ञान का मिलना परम दुर्लभ चीज है, क्योंकि यथार्थ ज्ञान यथार्थ सर्वज्ञ द्रष्टा से ही मिल सकता है। साथ ही यथार्थ द्रष्टा को सुनने-समझने की हमारी संस्कारगत क्षमता भी होनी चाहिए। तभी यथार्थ ज्ञान सम्यक् होता है। यथार्थ ज्ञान हो जाने के बाद त्रासदी फिर त्रासदी नहीं रहती। वह मात्र ज्ञेय तथ्य रह जाती है और उसमें अनुभूति का आर्त ध्यान निःशेष हो जाता है। अतः बोधि-दुर्लभता अगली भावना है जो त्रासदी से उबरने में मदद करती है।

दुर्लभ बोधि में यह बात साफ नजर आती है कि व्यक्ति की घुटन और हताशा अन्तरंग में चक्कर लगाती भावग्रन्थियों की भँवरों से पैदा होती हैं। भावग्रन्थियाँ मन के रुद्ध आवेगों से बनती हैं। आवेग मन की काफी नीची तह में मोह से उत्पन्न राग-द्वेष, क्रोध, मान, माया, लोभ कषायों से पैदा होते हैं। इन कषायों से मन विक्षुब्ध होता है। मन के विक्षोभ से वाणी और काया के अन्य विक्षोभ तथा परिस्पन्दन पैदा होते हैं। इन मन, वचन, काया के परिस्पन्दनों से परिवेश परिस्पन्दित होता है। इस प्रकार जीव के अस्तित्व में भावों के साथ भौतिक परमाणु स्कन्धों का योग होकर सूक्ष्म स्थूल भाव ग्रन्थियाँ तैयार होती हैं, जिन्हें जैन शब्दावली में कर्म कहते हैं। इस प्रकार त्रिविध परिस्पन्दनों के योग से कर्मों का आस्रव जैव अस्तित्व में सदैव होता है और वह जीव को एक विशेष स्थूल संरचना में कैद करता जाता है। इस प्रकार बनी ग्रन्थि राग-द्वेष तथा कषायों की तीव्रता-मन्दता की अपेक्षा लम्बी अथवा छोटी आयु के साथ कारागार की दीवार निर्मित करती है, जिसे कर्मबन्ध की संज्ञा से जानते हैं। कर्म-ग्रन्थियों का आस्रव और बन्ध ही व्यक्ति की घुटन और हताशा के मूल स्रोत हैं। यह कर्म का कारागार जीव के साथ अनादिकाल से बँधा हुआ है। इस की नयी ईंटें आस्रवित होती जाती हैं और पुरानी आयु पूरी कर झड़ती रहती हैं और कारागार यथावत् बना रहता है। जीव के साथ बँधा हुआ कारागार चूँकि स्थायी प्रकृति का है, अतः उसकी अपनी संस्कृति बन गयी है। उसकी अपनी प्रवृत्तियाँ बन गयी हैं। इन संस्कारों और प्रवृत्तियों के उदय से ही व्यक्ति की सामान्य व्यवस्था निर्धारित होती है, जिसे व्यवहारवादी मनोवैज्ञानिक कारण-कार्य शृंखला में गूँथकर विवेचित और व्याख्यायित करते हैं। उनकी व्याख्या

केवल वर्तमान जन्म की सीमा में है। जन्म से पूर्व और मृत्यु के बाद के जीवन के बारे में वे मौन साध जाते हैं। व्याख्या अधूरी होने के कारण ही घुटन की त्रासदी की मुक्ति का उपाय-कौशल भी अधूरा रह जाता है। जैन शास्ता अन्य भारतीय अध्यात्म मनीषियों की तरह इस कर्म शृंखला को जन्म पूर्व अनादि से मृत्यु पश्चात् अनन्त काल तक मान्य कर मुक्ति के लिए ऐसे पुरुषार्थ की देशना करता है जो अस्तित्व की गहनतम गहराई को छूकर उसमें से शुद्ध कंटकोत्कीर्ण आत्म की खोज आधुनिक मनोविज्ञान की दृष्टि में ला सकता है।

आधुनिक मनोविज्ञान की दृष्टि

आधुनिक मनोवैज्ञानिकों के मतानुसार, मनुष्य के अन्तः बाह्य व्यवहार का मूलाधार उसके अस्तित्व में छिपी मूल प्रवृत्तियाँ (Instincts) हैं। ये शुद्धतः शारीरिक आवश्यकताएँ बाह्य परिवेश के सम्पर्क से बनती हैं। उनकी संख्या अलग-अलग मनोवैज्ञानिकों ने भिन्न-भिन्न निर्धारित की हैं। ये प्रवृत्तियाँ व्यक्ति की भीतरी संस्कृति हैं जो बाह्य संस्कृति से पैदा होती हैं और फिर अपनी बारी में बाह्य को प्रभावित भी करती हैं। बाद के मनोवैज्ञानिकों ने इस मूल प्रवृत्ति के सिद्धान्त को भी तिलांजलि दे दी और उन्होंने मनुष्य के व्यवहार को पूरी तरह सामाजिक-आर्थिक ढाँचे से निर्धारित मान लिया। मान लिया, कि व्यक्ति एक सामाजिक प्राणी है। उसकी व्यक्तिगत आवश्यकताएँ भी सामाजिक आग्रह-युक्त होती हैं। अतः व्यक्ति का व्यवहार पूरी तरह समाज की प्रेरणा की उपज है। इन सामाजिक आवश्यकताओं की पूरी या आंशिक आपूर्ति से व्यक्ति में आन्तरिक घुटन और तनाव पैदा होता है। यह घुटन और तनाव समाज की अधूरी रचना के कारण पैदा होता है, जिसे समाज की आदर्श रचना से दूर किया जा सकता है। अतः मनुष्य की सम्पूर्ण त्रासदी का इलाज इन मनोवैज्ञानिकों के अनुसार आदर्श समाज-रचना ही है।

वस्तुतः इन मनोवैज्ञानिकों ने मनुष्य के जीवन को बहुत सतही स्तर से देखा है। घुटन का आस्रव बाहर से ही होता है, कुछ हद तक यह सही जरूर है किन्तु भीतर का उपादान इसके लिए कतई जिम्मेदार नहीं है यह बात समझ में नहीं आती। सच पूछा जाए, ये लोग मनुष्य के आन्तरिक अस्तित्व को स्वीकार ही नहीं करते। वे एकत्व और अन्यत्व आर्यभावनाओं

को गम्भीरता से लेते ही नहीं, तो फिर वे एकत्व निश्चय-गत उपादान को महत्त्व कैसे दे सकते हैं! अतः आधुनिक मनोविज्ञान पाशविक वृत्तियों के यथारूप तृप्त होने को ही घुटन-मुक्ति का रास्ता कह देता है। किन्तु यह मुक्ति कितनी टिकाऊ होती है, इसे वह नहीं देखना चाहता। एक वासना की तृप्ति से कितनी और वासनाएँ पैदा होती हैं इस तथ्य से मुँह घुमा लेता है। आस्रव निरन्तर चालू रहता है। तो फिर स्थायी मानसिक शान्ति की गुंजाइश कहाँ रहती है।

जैन दृष्टि

जैन द्रष्टा पूर्व विवेचित छः आर्य भावनाओं के सम्यक् सम्बोधि को घुटन टूटन की त्रासदी से स्थायी मुक्ति का प्रारम्भिक सोपान कहता है जिसमें एकत्व भावना सम्पूर्ण साधना की मूलाधार है। एकत्व भावना में यह निश्चय सम्यक्त्व छिपा है कि सम्पूर्ण संसार की अनित्यता में वह स्वयं अपने पारिणामिक भावों के द्वारा अनादिनिधन शुद्ध चैतन्य ज्ञाता-द्रष्टा रूप में ध्रुव रूप से है, जिसे अन्यत्व भावना के द्वारा पुष्ट किया जाता है कि वह चैतन्य रूप आत्मा सभी अन्य पदार्थों से भी सर्वथा विलक्षण है, जो किसी भी परिस्थिति में अन्य रूप नहीं हो सकती। आत्मा के इस सम्यक् बोध रूप आर्य भावना के आधार पर जीव दुःख, घुटन, त्रासदी के कारणों का अन्वेषण करता हुआ अन्ततः इसी निष्कर्ष पर पहुँचता है, कि मूल कारण आत्म-मूढ़ता रूप जीव की मिथ्या दृष्टि है। इसी मिथ्या दृष्टि के प्रभाव में जीव की निगाह अपने आत्म से हटकर बाह्य परिवेश पर जाती है, और आधुनिक मनोविज्ञान की पकड़ में फँस जाती है। सत्य तो यह है कि कर्मों का आस्रव बाहर से तभी होता है जब उसकी बुलाहट होती है। कर्मबन्ध तभी होता है जब उसके आस्रव को जीव रागयुक्त होकर पकड़ लेता है। इस तरह कर्म ग्रन्थियों का आस्रव और बन्ध, आना और बँधना जीव के भीतरी कारणों से होता है जिसमें बाह्य कारण भी अपेक्षित योगदान करते हैं। इस प्रकार सम्पूर्ण त्रासदी की पकड़ भीतर से ही होती है जो जीव की आत्ममूढ़ता, अविद्या, मिथ्या दृष्टि का परिणाम है। आस्रव-बन्ध यथार्थ बोध की अगली आर्य भावना है जिससे जीव की त्रासदी का कारण-सूत्र पता चलता है।

इस प्रकार आस्रवित मैल रागयुक्त आत्मा के चिकने कलेवर पर उसके त्रिविध योग-द्वारों से होता हुआ जमता जाता है और आत्म के कांचनीय

गुणों यथा—दर्शन, ज्ञान, वीर्य, सुख को ढँकता जाता है। उसके साथ स्थूल कारागार शरीर, आयु, गोत्र और वेदन रूप में बढ़ता जाता है और जीव का संसारी रूप निरन्तर चलता रहता है। संसार उससे जनित जन्म-मरण, दुःख और अशुचि की शृंखला मूलतः आत्म-कलेवर की राग-मोहरूपी चिक्कणता के कारण ही चलती है—यही जैन द्रष्टाओं ने देखा और बताया। अतः इस मूल कारण पर जब तक सँभालकर शरसन्धान नहीं किया जाता, त्रासदी और उसके कारण का मूलोच्छेद नहीं हो सकता। इस शरसन्धान की क्रिया की व्याख्या करने से पूर्व हमें उस लक्ष्य को भी समझ लेना चाहिए, जिसका उस सन्धान से बेध होना है।

सीधा प्रश्न है कि शर-सन्धान से कौन-सा लक्ष्य बेधित होना है? क्या आत्मा या संसार-रचना या कर्म? आत्मा अनादिनिधन परिणामी ध्रुव पदार्थ है, अतः उस का बेध नहीं हो सकता। संसार आत्मा से बाह्य है, अतः उसके बेध की आवश्यकता नहीं है। केवल कर्म हैं, जिनका बेध होना चाहिए। फिर यदि कर्म अटल स्थिति हैं, तो उनका भी बेध नहीं हो सकता। लेकिन कर्म अटल स्थिति नहीं हैं। उन का निरन्तर आस्रव और बन्ध होता रहता है। उसी के साथ पूर्व में बँधे कर्मों का क्षय भी होता रहता है, जिसे जैन शब्दावली में निर्जरा कहते हैं। किन्तु त्रासदी यह है कि नये बन्ध के कारण इस मुक्ति से कोई लाभ नहीं मिलता। जीव की स्थिति ज्यों की त्यों बन्धन में बनी रहती है। पुराने कर्म-बन्ध की निर्जरा नये कर्म-बन्ध को स्थान देती रहती है। कारागार की ईंटें बदलती रहती हैं, पहरेदार बदलते रहते हैं, किन्तु कारागार यथावत् रहता है और त्रासदी अविच्छिन्न चलती है। आस्रव स्वतः होता है तो निर्जरा भी अपने समय पर स्वतः होती रहती है। निर्जरा होने से पूर्व सम्बन्धित कर्म उदय में आता है। उसके उदय से ही आत्म-उद्वेलन और परिस्पन्दन होता है, सुख दुःख-रूप वेदन होता है और कर्म के अच्छे-बुरे परिणाम मिलते हैं। उन परिणामों से ही मन, वाणी और काया में परिस्पन्दन होते हैं। उसी से आस्रव का हेतु बनता है। इस प्रकार आस्रव और निर्जरा की स्वतः परिणति में दुःख-रूप संसार का निरन्तर फलन होता है। शर-सन्धान से कर्म बेधकर निर्जरा-प्रक्रिया को गति देना अभिप्रेत है। निर्जरा तत्त्व का सम्यक् चिन्तन भी आर्य भावना में गिना जाता है।

आस्रव, बन्ध और निर्जरा के उपर्युक्त परिचय से अब हम मानसिक

घुटन और टूटन के कारणों पर जैन दृष्टि की प्रविधि के काफी समीप पहुँच गये हैं, किन्तु अभी इस त्रितत्त्व की प्रक्रिया पर थोड़ा और विचार करना उचित है। प्रत्येक कर्म-ग्रन्थि जीव के प्रदेशों में विभिन्न पुद्गल-परमाणुओं के गुणों का रासायनिक यौगिक है, जो अपनी सुप्तावस्था में भी परिपक्व होने की ओर बढ़ता हुआ निरन्तर गतिशील है। परिपक्व होने पर वह ग्रन्थि फल देने के लिए उदय में आती है। उदय में आयी ग्रन्थि के फल का स्वाद अलग-अलग होता है, शुभ या अशुभ, सुखद या दुःखद। इस प्रकार प्रत्येक कर्म-ग्रन्थि उदय में आकर सुख-दुःख-संवेदन देकर अपने शुभाशुभ परिणामों को छोड़कर निर्जरित हो जाती है, आत्म प्रदेश से विदा हो जाती है और आत्मा को उस अंश में मुक्त कर जाती है। उसके शुभाशुभ परिणाम से आत्म प्रदेशों में फिर परिस्पन्दन होता है और उससे अगले आस्रव की शृंखला आगे बढ़ती है। उदाहरणार्थ : एक छोटी लड़की पुरुष समूह में आकर रहती हुई शुरू में पुरुषों में किसी प्रकार का मनोविकार पैदा नहीं करती। किन्तु जैसे ही वह लड़की युवती बन जाती है पुरुषों में विकार होने लगते हैं और उससे नयी परिस्थिति का जन्म होता है। पुरुषों में राग, द्वेष, लालसा, लोभ, हास्य, रति, संघर्ष, सुख-दुःख आदि नाना प्रकार की अनुक्रियाएँ होती हैं और वैसा ही नया आस्रव और बन्ध होता है। उसी प्रकार कर्मग्रन्थि परिपक्व होने पर ऐसे ही प्रतिक्रिया-समूह को जन्म देती है तथा नये आस्रव-बन्ध को स्थान देकर स्वयं विदा हो जाती है।

जिस प्रकार किसी शरीर में फोड़ा पककर फूटने को होता है तब वह सर्वाधिक पीड़ाकारक होता है। यद्यपि वह फूटने की पीड़ा व्यक्ति को उक्त फोड़े से हमेशा के लिए मुक्त करती है, किन्तु अशक्तबुद्धि का व्यक्ति उस मुक्ति को न जानते हुए पीड़ा से तड़फता हुआ ऐसा असंयत आचरण करता है कि फोड़े से मुक्ति के बाद वह दूसरी व्याधि अपने सिर बाँध लेता है। ऐसा ही हाल कर्मग्रन्थि के उदय के समय होता है। अपने उदय-काल पर सम्बन्धित कर्म सुख-दुःख संवेदन देता है, जिसमें बालमना व्यक्ति सुख में हँसता है और दुःख में रोता है। ये दोनों ही परिणाम आगे के कर्मास्रव और बन्ध के हेतु होते हैं। यद्यपि उदयगतकर्म झड़ जाता है, किन्तु व्यक्ति की त्रासदी उसके अज्ञान और असंमय के कारण पूर्ववत् जारी रहती है।

अब, इस कर्मोदय का दूसरा परिणाम भी सामने आता है। परिपक्व कर्म के उदय से आसन्न प्रशस्त अथवा पीड़ाकारक अनुभूति से व्यक्ति पहले ही

आतंकित हो जाता है और उस आसन्न त्रासदी से बचने के लिए कर्मोदय से लड़ाई छेड़ देता है। वह उसके आवेग को अपनी शक्ति से रोकता है। तनाव और आत्मसंघर्ष की स्थिति पैदा होती है, जिसके परिणाम-स्वरूप उदयगत आवेग अंशतः रुककर अन्तरंग में दमित हो जाता है और अंशतः बाहर फूटकर अपना परिणाम दिखाता है। कर्म का दब जाना या शान्त होना उपशम और फूट जाना क्षय कहलाता है। इस प्रकार आत्मसंघर्ष की स्थिति में कर्मों का उपशम, क्षय या क्षयोपशम होता रहता है। जो कर्मावेग क्षय हो गया उससे छुट्टी मिली, किन्तु जो कर्मावेग उपशमित होकर चैतन्य के भीतर चला गया वह समस्या बन गया। उपशमित कर्म बार-बार सतह पर आने के लिए कोशिश करता है और व्यक्ति को निरन्तर आतंक की स्थिति में रखता है। वस्तुतः यही आतंक की स्थिति ही व्यक्ति के लिए मानसिक घुटन और टूटन का कारण होती है। दमित कर्म की वासना अपनी तृप्ति की माँग करती है, किन्तु व्यक्ति की नैतिक अहं की रचना, जो समूह-संस्कृति और अपनी चारित्रिक क्षमता से तैयार होती है, उस माँग की पूर्ति करने में असमर्थ होती है और व्यक्ति की आत्म-संघर्ष, घुटन और टूटन की त्रासदी निरन्तन जारी रहती है। व्यक्ति को उस घुटन से मुक्ति का निर्वेद सुख मृग-मरीचिका बना रहता है। वस्तुतः ऐसी ही प्रकृति है कर्मोदयजन्य त्रासदी की, जिस पर आधुनिक मनोविज्ञान ने भी व्यापक तौर पर अध्ययन किया है। उसका अध्ययन जैन अध्ययन के काफी दूर तक समानान्तर चला है और सुखद आश्चर्य है, कि उसका निवारण भी अन्ततः उन्होंने बहुत कुछ जैनों के संवर के अनुरूप दिया है। उस निवारण का नाम वे सेल्फ थिरेपी देते हैं, जिसकी हम आगे सविस्तार चर्चा करेंगे। यहाँ स्थानाभाव के कारण हम जैनों की कर्म-विवेचना पर और अधिक विस्तार से विचार नहीं कर सकते, किन्तु अध्येताओं से यह अपेक्षा है कि वे जैनों का कर्म-विवेचन अलग से अध्ययन कर मनुष्य जीवन की गहनतम गहराई को अवगाहित करें। यह एक अत्यन्त रोचक प्रसंग है और संसार का अद्भुत आश्चर्य तथा मानवीय चिन्तन की ऐतिहासिक उपलब्धि है।

ध्यान-प्रक्रिया

अब, इस आस्रव-बन्ध-निर्जरा के तारतम्य में जैन दार्शनिकों का ध्यान सम्बन्धी प्रकरण भी प्रासंगिक और द्रष्टव्य है। उनके अनुसार मोटे रूप में

ध्यान चार प्रकार का होता है : 1. आर्त, 2. रौद्र, 3. धर्म और 4. शुक्ल।

पहले दो ध्यान अप्रशस्त तथा अशुभ कर्मबन्ध के कारण हैं तो तीसरा धर्म-ध्यान शुभ कर्मबन्ध का हेतु है। केवल चौथा शुक्ल बन्ध-मुक्ति का हेतु है जो शुद्धोपयोग रूप होता है। व्यक्ति की घुटन और टूटन के प्रसंग में आर्त और रौद्र ध्यान की प्रमुख भूमिका है। आर्तध्यान में इष्ट-वियोग, अनिष्ट-योग, मृत्यु-आशंका से निदान बाँधना और रोग-पीड़ा की स्थिति में व्यक्ति क्लेश खिन्न होकर विलाप करता है तथा उससे मुक्त होने की युक्तियाँ सोचता हुआ रत रहता है। संक्षेप में, आर्तध्यान की अवस्था में चित्त तथा बाह्य चेष्टाओं के निम्नलिखित लक्षण प्रकट होते हैं—

परिग्रह में अत्यन्त आसक्ति, व्यभिचार की प्रवृत्ति, कृपणता तथा ब्याजखोरी, अत्यधिक लाभ, अनावश्यक भय, उद्वेग, अतिशय शोकग्रस्तता, सत्य जानते हुए भी चित्तभ्रम, उद्भ्रान्ति, चंचलता, विषय-सेवन में उत्कंठा, निद्राचालन, मूर्च्छा, अंग-जड़ता, खेद-खिन्नता तथा अत्यधिक मोहग्रस्तता आदि। (जैने. सि. कोश, पृ. 286-87)।

रौद्रध्यान में मूलतः क्रोध कषाय से आक्रान्त व्यक्ति निम्नलिखित सामान्य तथा विशेष लक्षण प्रकट करता है:

दूसरे का द्रव्य हड़पने के लिए उत्सुक रहना, दूसरों को मारने और पीड़ित करने, झूठ बोलने, चोरी करने, हिंसा करने, संग्रह करने, द्वेष करने में आनन्द का अनुभव करना। इसकी प्रवृत्ति प्रमुखतः क्रूर होती है, जिसके तहत शस्त्र-सज्जित रहना, हिंसा करना, कराना, कठोर वचन बोलना, पर-पीड़न, पर-स्त्रीहरण, कुशील, बलात्कारी, नास्तिक रहना उसके स्वभाव का अंग होता है। यह सदैव शल्य सहित रहता है और चौकन्ना रहकर तनिक सन्देह पर हत्याकांड पर उद्यत रहता है। हिंसक जानवरों पर अनुग्रह रखकर निरीहों को पीड़ित करने में सुख महसूसता है। आदि आदि (जैने. सि. को., 286-87)

ये दोनों ध्यान मिथ्याज्ञानजनित वासनाओं की प्रेरक शक्ति से बनते हैं। इनकी लेश्या (रंग) कृष्ण, नील, कापोत होती है तथा इनका परिणाम व्यक्ति के लिए अत्यन्त अकल्याणकारी होता है। वह मरकर पशु अथवा नरक योनि में जन्म लेता है। जीते-जी इस जन्म में भी वह अपने लिए तथा औरों के लिए साक्षात् नरक का कारण रहता है।

ध्यातव्य है, व्यक्ति की घुटन और टूटन की अनुभूति आर्त और रौद्र

ध्यानों की स्थिति में ही बनती है। अकेलेपन का अहसास, जैसा कि पहले कहा, एक तथ्य है, वस्तुसत्य है। इस अकेलेपन को वीतराग चित्त का साधक धर्म और शुक्ल ध्यानों के आनन्द से भर देता है। यह उसके लिए वरदान स्वरूप होता है। किन्तु यही अकेलेपन का अहसास मिथ्यादृष्टि के लिए घुटन-टूटन के रूप में अभिशाप स्वरूप होता है। मिथ्यादृष्टि इस अकेलेपन में आर्त रौद्र ध्यानों को लेकर घबराया हुआ बहिर्मुख होकर भीड़ की ओर भागता है किन्तु हाय, वह भीड़ में भी अकेला ही महसूसता है। भीड़ में वह भी खुद टूटता है तथा औरों को भी तोड़ता है। यह नियम है, टूटा हुआ व्यक्तित्व अपने सम्पर्क में आये प्राणियों को भी तोड़ता ही है। इस प्रकार चारों ओर तोड़-फोड़ का हाहाकार मचाता हुआ क्षणिक तृप्ति महसूसता हुआ वह व्यक्ति खुद अत्यधिक अनन्तानुबन्धी कर्मों का बन्ध करता हुआ कोटि जन्मों के लिए नरकवास की भूमिका तैयार करता है। तो आएँ, अब हम इस भीषण त्रासदी से मुक्ति के उपाय-कौशल पर आगे विचार करें, जिसे महाकारुणिक तीर्थंकरों ने हमारे लिए उपदिष्ट किया है।

संवर साधना

अब तक की वर्णित आर्य-भावानाओं में सर्वोत्कृष्ट आर्य-भावना है संवर। "आस्रव निरोधः संवरः" अर्थात् (पूर्वोक्त) आस्रव का निरोध संवर है। वह संवर कैसे होता है, इसका उत्तर जिनवाणी इस प्रकार देती है:—

"स गुप्ति-समिति-धर्मानुप्रेक्षा-परीषहजय-चारित्रैः"

अर्थात्—वह गुप्ति-समिति-धर्म्र-अनुप्रेक्षा-परीषहजय और चारित्र के द्वारा होता है। आस्रव का वर्णन पहले किया जा चुका है। उसे व्यक्ति की त्रासदी का आगमन द्वार कहा गया है। अतः उस त्रासदी से निपटने के लिए सर्वप्रथम आस्रव-द्वार को बन्द करने की जरूरत है। डूबते हुए जहाज में पानी आने के छिद्रों को बन्द करना सबसे पहली बुद्धिमानी है। उसके बाद आ गये पानी को उलीचना दूसरी बुद्धिमानी है। इसी पहली बुद्धिमानी का नाम संवर है।

जैन दृष्टि में आस्रव के तीन द्वार हैं—काय योग, वाक् योग और मनः योग। पहले ही कहा गया है कि काय, वाणी और मन के परिस्पन्दन को योग कहते हैं जिनके कारण आस्रव होता है अतः इन तीनों योगों पर सम्यक्

रूपेण नियन्त्रण करना अपेक्षित है। इसी नियन्त्रण की प्रक्रिया में कायगुप्ति, वाग्गुप्ति, मनोगुप्ति का उल्लेख है। गुप्ति गोपन करने के लिए होती है। गोपन का व्यावहारिक रूप मौन होना है। यदि हम कार्य-चेष्टाओं, वाग्मुखरता तथा मनोविकारों को कम करते हुए रोकें तो आस्रव-द्वारों का मुँह बन्द किया जा सकता है। इसीलिए जैन साधना में मौन की बड़ी भारी प्रतिष्ठा है। मौन धारण करना साधना की पहली मंजिल है। यही तीनों योगों का मौन अथवा गुप्ति संवर साधना का प्रथम चरण है।

मनसा वाचा कर्मणा मौन धारण सम्बन्धित परिस्पन्दनों को रोकना निषेधात्मक प्रक्रिया मात्र नहीं है, अपितु वह मन, वाणी और काया में लगे चैतन्य-उपयोग को अन्तर्मुखी करने का प्रयास है, ताकि चैतन्य के शुद्ध-बुद्ध-एकान्त तक पहुँचा जा सके। इस अन्तर्मुखीकरण प्रक्रिया से फिर बाह्य परिस्पन्दन तो स्वतः नियन्त्रित हो जाते हैं। किन्तु इस प्रक्रिया में प्रारम्भिक परेशानी सबसे जटिल होती है। जिस घुटन और टूटन का इलाज हम ढूँढ़ने चले थे, उसका इलाज होने की बजाय रोग बढ़ता हुआ और दिखाई पड़ता है। लम्बे अतीत से इन्द्रियाँ बहिर्मुखी रही हैं जो उनकी आदत बन गयी है, उन्हें अन्तरोन्मुखी सहसा नहीं किया जा सकता। वे विद्रोह कर बैठती हैं। अतः ऐसी मनःस्थिति के लिए गुप्तियों का क्रियान्वयन प्रथमतः सम्यक्त्वबोध और सहज योग से होना चाहिए। सम्यक्त्वबोध का सहज मार्ग बारह आर्य भावनाओं को धारण करना है। इन भावनाओं को ही अनुप्रेक्षा कहते हैं, अथवा जिस वस्तुसत्य को देखकर बार-बार पीछे भी देखा जाए, वीक्षित किया जाए। इन आर्य भावनाओं का ही उल्लेख प्रस्तुत व्याख्यान में प्रारम्भ से ही किया जा रहा है। ये भावनाएँ किसी ऐसे सत्य का प्रेक्षण नहीं हैं जो कहीं छिपा हुआ है, बल्कि वह सत्य एक ऐसी खुली किताब है जिसकी सामग्री को प्रत्येक व्यक्ति भोग रहा है। अनित्यता, मृत्यु, अशरणता, दुःख-क्लेश, अशुचि, अकेलापन, परायापन आदि-आदि सत्य हम सबका एक प्रकार से प्रतिदिन का भोगा हुआ यथार्थ है। बस अन्तर इतना ही है कि इस भोगे जानेवाले यथार्थ को हम सम्यक् भाव से भोगें या जिएँ। इसे आर्त और रौद्र भावों से न जिएँ, बल्कि इन्हें धर्म और शुक्ल जैसे प्रशस्त भावों से जिएँ।

यह आवश्यक है कि हम यथाशक्ति मौन चित्त से इस यथार्थ को सहज होकर ग्रहण करें। इन्हें घबराकर न देखें। संसार परिवर्तनशील है, मृत्यु

अवश्यम्भावी है, पर वस्तुएँ पर हैं वे स्व कभी नहीं हो सकतीं, स्वात्म स्वात्म ही रहता है पर कभी नहीं होता। प्रत्येक वस्तु पर्यायों से प्रतिक्षण परिणमन करती है, किन्तु वह द्रव्य रूप से ध्रुव नित्य रहती है। जीव का स्वत्व अपने पारिणामिक भावों के द्वारा जीवत्व को नित्य रूप से जीता है। वह कभी विनाश को प्राप्त नहीं होता। अपने पूर्वकर्मों के कारण प्रत्येक जीव दुःख भोगता है। कर्मों का संचय जीव खुद करता है। उसके उदयगत परिणामों को वह खुद अकेला ही भोगता है। फिर उन कर्मों के परिणामों को अपनी आत्म की संकल्प शक्ति से झेलता हुआ अपने पुरुषार्थ से उनसे मुक्ति भी पा सकता है, आदि-आदि बातें जीवन का ठोस यथार्थ बतलाती हैं। इन्हें जैसा का तैसा ग्रहण करना जरूरी है। इस दुःख भरे परिवर्तनशील संसार में अपनी प्रत्येक मनःस्थिति, सुखद या दुःखद, कुछ काल के लिए उदय होती है और उदय में आने के बाद क्षय हो जाती है। उस स्थिति का कर्ता स्वयं मैं होता हूँ क्योंकि उसके लिए कर्म-संचय मैंने ही किया था। उसका परिणाम खुद मुझे ही अकेले झेलना है, और जरूर झेलना है। बिना झेले मुक्ति नहीं मिल सकती। तो फिर उस अनिवार्य स्थिति का मुकाबला साहस के साथ ही क्यों न किया जाए? उस उदय में आये कर्म का उपशम क्यों हो, जो उसे बार-बार झेलना पड़े? उसका एक बार में ही क्षय क्यों न किया जाए, उसे साहसपूर्वक बहादुरों की तरह झेलकर कायोत्सर्ग करते हुए!

सहज-ध्यान

जब मस्तिष्क बार-बार इस प्रकार की आर्य भावनाओं के द्वारा यथार्थ वस्तुसत्य के चिन्तन अनुचिन्तन से प्रशिक्षित हो जाए, अभ्यस्त हो जाए तो उसके अन्दर फिर घबराहट स्वरूप आर्त और रौद्र ध्यानों में कभी आनी शुरू हो जाएगी। समता भाव की प्रथम किरण उसमें फूटेगी, अवश्य फूटेगी। समता भाव आते ही व्यक्ति तृष्णा, मोह, क्रोधवश किसी भी परिस्थिति के लिए दूसरों को दोषी ठहराना छोड़ेगा। दूसरों को ही सुधारने का ठेका नहीं लेगा। आत्मप्रेक्षण, आत्मालोचन करना शुरू करेगा और प्रत्येक इष्ट वियोग, अनिष्ट योग की स्थिति में सम रहने का अभ्यास करेगा, अपने अन्तःबाह्य परिस्पन्दनों को रोकेगा। इस प्रकार आस्रवद्वारों को रोकने के लिए सचेष्ट होने लगेगा। समता भाव की अवस्था धारण करते हुए फिर सहज ध्यान करना भी जरूरी है। सहज ध्यान में शरीर मस्तिष्क ढीला कर दीजिए। चाहें तो लेट जाइए और

आँखें बन्द कर मस्तिष्क के उस सारे तुमुल को उठने की छूट दीजिए जिससे आप आतंकित हैं। सोच लें, इस समय अपने साक्षी में कोई भावना या विचार पाप नहीं है। वह चाहे सेक्स और मैथुन से सम्बन्धित हो, या किसी की हत्या करने या अपहरण से सम्बन्धित हो, उसे मुक्त रूप से सामने आने दीजिए। आपके गहन अचेनत में जो रुद्ध वासना आन्दोलित है उसके साथ संवाद छेड़ना जरूरी है। संवाद तभी छिड़ेगा, उससे बातचीत तभी होगी, जब वह आमने-सामने मुकाबिल होगी। वह कुछ अपनी बात कहना चाहती है। क्या कहना चाहती है उसे धैर्य से, कान लगाकर, मन लगाकर सुनिए। उसके प्रति सहानुभूति और करुण भाव से पेश आइए, क्योंकि आखिर वह है तो आपकी ही जनित मानस पुत्री। उसे अपना समझकर अपने पास बैठने दीजिए, उस पर प्यार और आशीर्वाद का हाथ फिराइए और उसे अपनी बात खुलकर कहने का मौका दीजिए। आखिर उसकी बात आप नहीं सुनेंगे तो कौन सुनेगा। अगर आप हठधर्मी करते हुए उसे करुणापूर्वक नहीं सुनेंगे तो आप तय जानिए, वह वासना आपके घर में ही पागल हो जाएगी। वह पागल होकर अपने ही कपड़े नहीं फाड़ेगी, आपके भी फाड़ेगी, दीवारें तोड़ेगी और आपकी नींद हराम कर देगी और अन्ततः आप को भी पागल बना देगी। तब आप चाहे जितने प्रशान्तक खाएँ, शराब पिएँ, L.S.D लें, स्मैक लें, नशा करें, समाज में उत्पात मचाएँ, आप चैन नहीं पा सकेंगे और आप अकाल मौत के बहुत नजदीक पहुँच जाएँगे। अतः समस्या टालिए नहीं, भागिए नहीं, उसे सामने से देखिए, समझिए और अपनी उस प्रेमिका रखैल, जिसे कभी आपने अपनी मनतरंग के क्षणों में अपने गले से लगा लिया था, को समझाइए और कोई हल ढूँढ़िए। वरना घुटन, टूटन, पागलपन, आत्महत्या यह सब आपका पीछा नहीं छोड़ेंगे।

जीवन का प्रत्येक क्षण, प्रत्येक लहर आपके व्यक्तित्व का अभिन्न अंग है। प्रत्येक की अपनी वाणी है, अपना उद्वेलन है, अपनी कहानी है। उन सबका लोकतन्त्रीकरण कीजिए। उनकी संसद बुलाइए। आप स्पीकर हो जाइए। सबको अपनी-अपनी कहाने कहने दीजिए। आप सुनिए, मात्र सुनिए। आप निश्चय जानिए, आपके वात्सल्यपूर्ण सुनने मात्र से आधी समस्या ऐसे ही हल हो चुकेगी। आधे के लिए संसद में बहस छिड़ने दीजिए। आप बहस की अनुमति दे दीजिए। अपने नैतिक अहं, जो प्रधानमन्त्री का ओहदा सँभाले हुए है, को आदेश दीजिए कि वह भी सबकी कहानी सुने, माँगें गुने और उनका

तर्क समझे। फिर प्रधानमन्त्री अपना भी पक्ष रखे। नीतिसम्मत, तर्कसम्मत तरीके से अहिंसा और वात्सल्य भाव से समझे। उसके ऊपर तानाशाही न बरते। तो यह निश्चय है कि समस्याओं का हल निकलेगा। हल वहीं छिपा है जहाँ समस्याओं का झाड़ उगा होता है। हल और कहीं नहीं होता, खुद समस्या ही हल का रूप हो जाती है। हल बाहर से थोपा नहीं जा सकता। मान लीजिए, किसी की सेक्स की समस्या है। वासना कहती है कि अमुक के साथ भोग करो, उसके लिए वह आर्त और रौद्र ध्यान करवाती है। तो संसद में नैतिक अहं उस माँग को समतापूर्वक सुने, तर्क-संगत तरीके से सुने। यदि माँग पूरी होना सम्भव न हो तो उसका विकल्प ढूँढ़े। यदि विकल्प भी सम्भव न हो तो स्नेहपूर्ण, वात्सल्यपूर्ण ढंग से, साथ ही दृढ़तापूर्वक कह दे, कि माँग पूरी न हो पाएगी यद्यपि आपको उससे पूरी सहानुभूति है। उसे बार-बार समझाएँ, साथ ही वीतराग प्रभु के दरबार में कहीं ले जाइए। वहाँ वीतराग प्रभु से उसे माफी दिलवाइए, आशीर्वाद दिलवाइए और प्रभु के चरणों में सामायिक करते हुए उसे अर्पित कर दीजिए। विश्वास रखें ऐसे सहज ध्यान से घुटन टूटन की विभीषिका यदि समाप्त नहीं तो इतनी कम जरूर हो जाएगी कि जीवन दूभर न रहे।

धर्म-ध्यान

सहज-ध्यान में से ही उगेगा धर्म-ध्यान, या कहिए धर्म-ध्यान का ही प्रारम्भिक चरण है सहज-ध्यान, जिसमें आर्त और रौद्र ध्यानों का हल्के से समाहार हो जाता है। धर्म-ध्यान में अहिंसा, अस्तेय, सत्यभाषण, अपरिग्रह, ब्रह्मचर्य, अंगों का चिन्तन-अनुचिन्तन ही नहीं, उनकी सहज धारणा होती है। यह धर्म-धारणा भी एक आर्य भावना है जो संवर की हेतु होती है। इस पंचव्रतीय धर्म को धारण करना एक कला है, जिसका मनोवैज्ञानिक दृष्टि से काफी बड़ा महत्त्व है। इसी से फिर चित्त की घुटन टूटन का स्थायी इलाज सम्भव होता है। आइए, इनमें से प्रत्येक पर यहाँ अलग-अलग संक्षिप्त विचार करें, व्यावहारिक धर्म की रूपरेखा निकालें जो आधुनिक मन-मस्तिष्क को ग्राह्य हो सके।

अहिंसा—सीधा-सा अर्थ है 'न मारो'। किसे न मारो? किसी जीव को नहीं, अपने को भी नहीं। तो सबसे पहले है अपने को न मारना। नियम है जो अपने को नहीं मारेगा वह किसी को भी नहीं मारेगा। वह कैसे? अपने

को न मारना पूर्व कथित जनतन्त्रीकरण प्रक्रिया के द्वारा। अपने को सुनो, अपने को गुनो, अपने को एकान्त लेकर थपथपाओ, जैसे अपने किसी बिगड़े या पगले बच्चे को थपथपाते हो। उसके बिगड़ेपन पर न तो रोओ, न खुद बिगड़ो, न क्रोध करो, समताभाव से, सन्तुलनपूर्वक सुनो, बस सुनो। फिर उस बच्चे को अपने घर के काफी गहरे प्रकोष्ठ में ले जाकर संस्कारों और उसके पूर्व दोषों को क्षमा करो और अपने में एकाकार हो जाने दो। यह हुआ अपने को न मारना।

अपनी दुष्ट से दुष्ट वृत्ति का दमन न करो। उसे सतह पर आने दो। सतह पर आने पर आप के ऊपर उपसर्ग-सा आएगा। आप संकट में पड़ेंगे। आपका संकल्प, सहन शक्ति की कसौटी पर चढ़ेगी, किन्तु बारह आर्य भावनाएँ चित्त में धारण रखें, अपना सम्यक्त्व सुरक्षित रखें और अपना एक पैर धर्मध्यान में मजबूत रखें, तो कुछ समय के बाद ही यह सारा उपसर्ग समाप्त हो जाएगा। उदय में आयी हुई वृत्ति निर्जरित हो जाएगी और चित्त निर्मल हो जाएगा। सारी घुटन और टूटन मस्तिष्क पटल से तिरोहत हो जाएगी। यह है अहिंसा का सही मनोवैज्ञानिक स्वरूप।

अस्तेय एवं सत्य

अस्तेय अर्थात् चोरी न करना, सत्य अर्थात् झूठ न बोलना, दोनों को एक साथ कोष्ठांकित किया है, क्योंकि दोनों मानसिक स्तर पर बिलकुल सगे सम्बन्धी हैं। कोई काम चोरी तब है जब उसमें झूठ का योगदान होता है। जैसे किसी का सामान उठा लेना चोरी तब कहलाएगा जब उससे पूछने पर झूठ बोलेगा कि उसने नहीं उठाया है। अथवा किसी काम में झूठ बोलने का तात्पर्य है कि उसमें उस अंश तक मन के अन्दर चौर्य भावना है। ऐसा काम इस प्रकार करना कि उसके लिए सामाजिक मान्यता नहीं है, नैतिक निषेध है। फिर समाज की आँख बचाकर उसे कर लेना, पूछने पर इनकार करना, यह चोरी है और इसमें झूठ का योगदान है। इन दोनों स्थितियों के पीछे, यह निश्चित है चित्त में अपराध-भाव निहित है, गिल्ट छिपा हुआ है। इस प्रकार मन में अन्तर्हित अपराध भाव (गिल्ट) से प्रकट होता है चोरी और झूठ का युग्म। अपराध भाव शुद्धतः मानसिक समस्या है। वह पूर्व संचित अशुभ वेदनीय कर्मोदय के फलस्वरूप बाहर से दमित होने पर अस्तित्व में आता है। इस प्रकार अन्तरंग से अपराधी व्यक्ति बेचैन होता है। वह दोहरी पीड़ा का शिकार होता है। पहली,

भीतर से कर्मोदय की पीड़ा और दूसरी, बाहर से नैतिक अहं के कीड़े की पीड़ा। भीतर से वासना जोर मारती है कि जैसे भी हो उसे तृप्ताओ, बाहर समाज का अपने भीतर बैठा हुआ एजेंट नैतिक अहं खबरदार करता है कि चोरी और झूठ एक बड़ा जुर्म है, उसकी कठोर सजा निर्धारित है। ऐसी हालत में व्यक्ति घुटन का शिकार हो जाने को बाध्य है। इस घुटन से मुक्ति पाने के लिए उसने फिर एक बीच का रास्ता ढूँढ़ा, वह है स्वप्न, कहिए दुःस्वप्न...।

दुःस्वप्न, मनोवैज्ञानिक दृष्टि से देखें, चोरी और झूठ के रेचन की ही प्रक्रिया है। उसमें व्यक्ति का अपराध-बोध की बोलता है। और उस अपराध-बोध के निमित्त से पैदा हुए आर्त और रौद्रध्यान की अनेक मुद्राएँ प्रतीक लेकर प्रकट होती हैं। इन दुःस्वप्नों से घुटन टूटन में कुछ हल्कापन महसूस होता है और व्यक्ति पागलपन से बचाव करता है। यह एक प्रकार से रुद्र भावावेगों को निकालने या निर्जरित करने के लिए सेफ्टीबाल्व का काम करता है। जैसे रेल के इंजिन में जब वाष्प जरूरत से अधिक बन जाती है तो इंजिन का स्वास्थ्य ठीक रखने के लिए सेफ्टीबाल्व से फालतू वाष्प बारह निकाल दी जाती हैं। उसी प्रकार मस्तिष्क के स्वास्थ्य को स्थिर रखने के लए ही दुःस्वप्न आते हैं। किन्तु ये दुःस्वप्न आना घुटन टूटन का इलाज नहीं है। यह तो घुटन का दिशा-संकेत है।

स्वप्नों का दिशा-संकेत पकड़कर ही आधुनिक मनोविज्ञान ने अचेतन ग्रन्थियों की खोज की है और उनका विशद अध्ययन कर मनोचिकित्सा तन्त्र विकसित किया है। सहज योग-साधना के लिए भी स्वप्नों का सम्यक् अध्ययन जरूरी है और उनसे साधना में वांछित मार्ग-निर्देशन लेना समीचीन है। यहाँ समयाभाव के कारण उक्त अध्ययन की सविस्तार चर्चा तो नहीं की जा सकती, किन्तु कुछ दिशा-संकेत अवश्य किया जा सकता है। मनोविज्ञान अपने चिकित्सालय में अब सहज योग और धर्म की भूमिका स्वीकारने लगा है, तो धर्म को भी चाहिए, जहाँ तक जरूरत हो साधना के क्षेत्र में मनोवैज्ञानिक अध्ययनों की मदद ली जाए। स्वप्नों के अध्ययन के लिए मनोविज्ञान ने जिस प्रकार प्रतीक संरचना और स्वप्न नेटवर्क की तकनीक को विकसित किया है वह बहुत ही रोचक और उपयोगी है। इन प्रतीकों के अध्ययन की मदद से स्वप्न-विश्लेषण कर घुटन और टूटन के गुह्य कारणों का सूत्र ढूँढ़ा और पकड़ा जा सकता है। फिर भी सहज रूप में इतना तो किया ही जा सकता है, कि प्रत्येक दुःस्वप्न के बाद जगने पर

आँखें बन्द कर साहसपूर्वक जान-बूझकर वही स्वप्न हूबहू फिर सतह पर लाना चाहिए। ऐसा बार-बार करने पर फिर उक्त स्वप्न दोहराना बन्द हो जाता है। उसकी निर्जरा हो जाती है। प्रत्येक स्वप्न को खूब अच्छी तरह देखना चाहिए, यथा शक्ति उसका विश्लेषण करना चाहिए। देखने और समझने मात्र से ही मन का चोर बाहर निकल जाता है। चोर तभी तक चोर है जब तक वह देखा नहीं गया है। देख लिये जाने के बाद चोर का चोरपन खत्म हो जाता है और उसके झूठ का पर्दाफाश हो जाता है।

जैसा कहा, प्रत्येक झूठ और चोरी के पीछे मन में छिपा हुआ कोई अपराधभाव होता है। संसार का प्रत्येक आदमी किसी न किसी कोने में अपराधी अन्तःकरण लिये बैठा है। अतः प्रत्येक व्यक्ति किसी न किसी अंश में झूठ और चोरी का शिकार है, और उसकी हालत निरीह और संकटापन्न है। तो, इस संकट से मुक्ति का रास्ता क्या है? रास्ता वही है—सहज होना। सहज होने के लिए बौद्धिक ईमानदारी तथा नैतिक साहस दो चीजों की ही आवश्यकता है। बौद्धिक ईमानदारी के लिए यह जरूरी है कि हम बाहर वही दिखें जो हम भीतर महसूस करें। यदि हम ईमानदारी से महसूस करते हैं कि हम उधार लिये धन को हड़प लें, अमुक की हत्या करवा दें या अमुक भिन्न लिंगी के साथ सेक्स कर लें, तो हमें इतना नैतिक साहस जुटाना है कि हम इसे सार्वजनिक रूप से प्रकट करें और उसकी जो प्रतिक्रिया हो उसे भोगें। जैसे रजनीश ने सेक्स के बारे में जो महसूसा वही कहा। सम्भोग से समाधि की बात उसने ठीक समझी, तो उसमें इतनी बौद्धिक ईमानदारी और नैतिक साहस था कि उसे बेझिझक प्रकट किया। उसके प्रति फिर समाज की प्रतिक्रिया को सहा। उसी प्रकार फ्रायड, डार्विन, मार्क्स, आदि सभी विचारकों ने पूरी ईमानदारी से अपनी बात कही और प्रचारी। उसकी प्रतिक्रियाएँ भी भोगीं। इससे उनके अन्तःकरण अवश्य अपराधी नहीं हुए। भले ही उनके प्रतिपादित सिद्धान्तों में बाद में खामियाँ भी पायी गयीं। अपराध-बोध धोने और घुटन से मुक्ति पाने का इससे बड़ा रामबाण उपाय और कोई नहीं है।

अब आइए, कुछ विचार मझोले चारित्र वाले लोगों के बारे में भी कर लें। मझोले चारित्रधारी व्यक्ति में इतना साहस नहीं हो पाता कि वह जो सही सोचता है वही प्रकट करे। जैसे वह रिश्वत लेता है। रिश्वत लेने पर सामाजिक निषेध है और कानूनी बन्दिश है। वह रिश्वत लेता हुआ चाहता है कि उसे

सार्वजनिक रूप से स्वीकारे ताकि उसकी बौद्धिक ईमानदारी स्थिर रह सके, किन्तु ऐसा करने की उसकी हिम्मत नहीं। तो ऐसी हालत में ऐसे व्यक्ति अपने अपराध-बोध से मुक्ति कैसे पाएँ? प्रश्न यह बड़ा नाजुक है, किन्तु इसके विविध पहलुओं पर विचार करना जरूरी है। तो सबसे पहले सीधा समाधान यह है कि यह रिश्वत न ले। लेकिन अब यदि वह अपनी चारित्रगत कमजोरी की बाध्यता से रिश्वत लेने से बाज नहीं आता, और रिश्वत लेना खराब भी समझता है, तो उसे सार्वजनिक रूप से अपनी चारित्रिक कमजोरी ही स्वीकारनी चाहिए और कहना चाहिए कि वह रिश्वत लेना खराब मानता है किन्तु अपने व्यक्तिगत कारणों से लेने को मजबूर है। यह जरूरी नहीं कि वह अपनी कमजोरी का ढोल पीटता फिरे, किन्तु उसे मानसिक रूप से तैयार रहना चाहिए कि जब और जहाँ भी उससे पूछा जाएगा वह सही बोलेगा। तो मानसिक तैयारी से भी अपराध-बोध की ग्रन्थि गहरी नहीं बनेगी और जैसे ही वह कहीं कह देगा वह एकदम धुल जाएगी। कहने का तात्पर्य यह है कि झूठ और चोरी प्रमुखत: समाज की नैतिक व्यवस्था की देन हैं, क्योंकि कोई पशु न तो चोरी करता है और न झूठ बोलता है। वह यथाजात होता है। सिर्फ मनुष्य ही झूठ बोलता है और चोरी भी करता है। यह समाज के दबाव में करता है। अत: इस दोष से मुक्ति भी तभी है कि जो चीज जिसकी है उसे वैसी ही वापस कर दो। यानि समाज ने अपराध-बोध दिया है, तो उसी के सिर उसे दे मारो। तात्पर्य यह, कि उसे सार्वजनिक बनाकर समाज को वापस करो। हाँ, इस वापसी में समाज की व्यवस्था तुम्हें आड़े हाथों लेगी और तुम्हें सख्त सजा देगी। उसके लिए तैयार रहने की जरूरत है। जो इसके लिए तैयार है वह अपराध-बोध से मुक्त हो जाएगा और घुटन टूटन से भी। वरना समाज के अत्यधिक अनुकूल चलने में व्यक्ति या तो झूठ और चोरी का दोषी होगा या पागल हो जाने के लिए तैयार रहेगा।

इस सम्बन्ध में धर्म ने बीच का रास्ता भी प्रशस्त किया है, जिससे व्यक्ति समाज के विपरीत भी न चले और पागल भी न बने। तनिक उस पर गौर करें। व्यक्ति अपने अपराध-बोध का बोझ ढोता हुआ धर्म के द्वार पर आता है। धर्म के द्वार हैं मन्दिर, मस्जिद, गिरजे, गुरुद्वारे, पगौड़े, अन्य चैत्यगृह। ये सब समाज ने अपनी सामूहिक चेतना की मान्यता से इष्टों को स्थापित कर पवित्र स्थान घोषित किये हैं। इनमें मनुष्य के लोकोत्तर देवताओं के रहने की कल्पना है, जो देवतागण अपने-अपने क्षेत्रों की रक्षा करते हैं

तथा मनुष्यों को पापों से मुक्ति का भी दिशा संकेत करते हैं। वे देवता सर्वज्ञ हैं, सर्वशक्तिमान हैं, महाकारुणिक हैं और साक्षात् सच्चिदानन्द-स्वरूप माने जाते हैं। उनके प्रति मनुष्य के हृदय में श्रद्धा है और भय भी है, विश्वास है, भक्ति भी है। तो दोषी अन्त:करण ऐसे देवताओं की शरण में पहुँचता है। मत्था टेकता है और वहाँ पूरा दिल खोलकर अपना अपराध कबूल देता है। यदि कबूलने में कुछ कमी भी रह गयी, तो उसे विश्वास है, कि सर्वज्ञ होने के कारण देवता ने उसका सारा अपराध जान और समझ लिया है। वह अबोध बच्चे की तरह देवता के सामने माफी पाने के लिए गिड़गिड़ाता है और अपने अपराध की सजास्वरूप देवता के घर में रखी हुई गोलक में धन अथवा द्रव्य त्याग करता है। इस प्रक्रिया से उसका श्रद्धा और आस्था भरा मन आश्वस्त हो जाता है कि वह माफ कर दिया गया और उसका अपराध धुल गया है।

ध्यातव्य है, ये देवालय एक प्रकार से सामाजिक मान्यता के आधार पर लोकोत्तर देवताओं की कल्पना से जोड़े गये हैं। इन देवताओं का इसीलिए कुछ अधिक सामाजिक महत्त्व है। ये समाज की निष्ठा, एकता, नैतिकता, मूल्यवत्ता का प्रतिनिधित्व करते हैं। इसलिए इन स्थानों में कबूला हुआ अपराध परोक्षत: सार्वजनिक कबूलियत के तुल्य होता है, और इससे व्यक्ति का मन हल्का हो जाता है। गिरजाघरों के पादरी को समाज के अधिकांश लोगों के रहस्यपूर्ण अपराध मालूम रहते हैं जिनको उसने प्रभु ईसु से माफ करवाया है। वह उन्हें कभी किसी से प्रकट नहीं करता। कबूल करने वाले को पादरी महोदय की ईश्वरनिष्ठा में पूरा विश्वास होता है तभी वे उससे अपने-अपने दिल खोल जाते हैं। माफी माँगना और तौबा करना साथ-साथ होता है। माफी पाने के बाद यदि वही काम फिर किया, तो विश्वास है, इससे देवता नाराज हो जाता है जो शुभ नहीं है। अत: फिर वह अपराध न दोहराने के लिए तौबा करता है, जो सामाजिक दृष्टिकोण से बहुत महत्त्वपूर्ण है। कहने का तात्पर्य यह है, मन्दिरों, मस्जिदों आदि देवालयों का समाजशास्त्रीय महत्त्व निर्विवाद है। इससे व्यक्तियों की घुटन और टूटन को बहुत सहारा मिलता है। इस प्रकार उन देवालयों का उपकार अकल्पनीय ही कहा जाएगा।

अपरिग्रह

अपरिग्रह जैन चिन्तन में मनोवैज्ञानिक प्रक्रिया से अभिहित है। "मूर्च्छा

परिग्रहः'' अर्थात्—पर-द्रव्यों में मन का मूर्च्छा भाव परिग्रह होता है। पर-वस्तुओं को मेरा कहना मूर्च्छा भाव है। मूर्च्छा मिथ्यात्व की प्रतीक है, क्योंकि वस्तुस्थिति यह है कि मैं मैं ही हूँ, पर पर है। मैं पर नहीं, पर मैं नहीं हो सकता। तो इसके विपरीत मान्यता अवास्तविक और अयथार्थ है, जिससे कालान्तर में मोह-भंग होना सुनिश्चित है। मोह-भंग की स्थिति में निश्चित ही चित्त विभ्रम होता है और आर्त तथा रौद्र परिणाम होते हैं। मोह-भंग के दौरान यद्यपि स्व और पर का भेद तो स्पष्ट होता है, किन्तु लोभ कषाय तथा दर्शन-मोहनीय कर्म के उदय के कारण वह उस वास्तविकता को स्वीकारना नहीं चाहता, और अनेकानेक बाह्य निमित्तों पर दोषारोपण करते हुए अशुभ परिणामों से ग्रस्त रहता है। तथा अप्रशस्त ध्यान में रत रहते हुए अपने लिए ही अनेकानेक मनोवैज्ञानिक समस्याएँ सृजता है। अतः मूर्च्छा भाव से मुक्त होने का दायित्व खुद लोभग्रस्त व्यक्ति का ही है, जो भेदविज्ञान में आत्म-शिक्षण और आत्मालोचन के द्वारा सम्भव है। निर्लिप्त व्यक्ति बिरले ही घुटन और टूटन के शिकार देखे गये हैं।

ब्रह्मचर्य

अब धर्म का पाँचवाँ अंग है ब्रह्मचर्य, जिस पर विशेष तौर पर महावीर के जिनशासन ने काफी जोर दिया है। आज इस मुद्दे पर काफी ऊहापोह भी हो रही है। विशेषतः पश्चिम के महान मनीषी सिंगमांड फ्रायड और भारत के ओशो रजनीश के व्याख्यानों से इस विषय पर एक विवाद-सा छिड़ा है। आधुनिक मस्तिष्क इस समस्या पर ऊहापोह कर रहा है। इसीलिए प्रस्तुत प्रसंग में हम ब्रह्मचर्य जैसे शीर्षक को कुछ फैला कर चर्चित करते हैं।

ब्रह्मचर्य का शाब्दिक अर्थ है ब्रह्मन् अर्थात ज्ञान, बुद्धिचर अर्थात् चरण करना, रमण करना, अर्थात् ज्ञान में रमना ब्रह्मचर्य शब्द का शब्दार्थ है, किन्तु रूढ़ि अर्थ में इसे मैथुन से विरत रहना समझा जाता है। ज्ञान से अमैथुन का सम्बन्ध सीधा न होकर कुछ खींचकर, घुमाकर ही बनता है। द्रष्टव्य है, तेईसवें तीर्थंकर भगवान पार्श्वनाथ के चातुर्याम धर्म में ब्रह्मचर्य नाम से कोई अलग आयाम उल्लिखित नहीं है। नारी और उसके सम्बन्ध को परिग्रह के अन्दर ही शामिल कर दिया गया था। उसे अलग से बड़ा महत्त्व अमैथुन अर्थ में भगवान महावीर ने ही दिया। यहाँ पर यह भी देखने की बात है कि ब्रह्मन् शब्द मूलतः वैदिक परम्परा का शब्द है जो शायद अधिक

लोकप्रिय हो गया था। ब्राह्मण धर्म में ब्रह्मचर्य आश्रम के प्रथम पच्चीस वर्ष ज्ञान और विद्याध्ययन के लिए निर्धारित थे। उसी के साथ विद्यार्थी/ज्ञानार्थी को नारी सम्बन्ध से भी विरत रहने का निर्देश था, ताकि वह अपने ज्ञानयज्ञ की पूर्णाहुति निर्विघ्न रूप से कर सके। मेरे विचार से ब्रह्मचर्य का यह दूसरा आनुषंगिक प्रतिबन्ध उसका प्रमुख अंग बन गया और बाद में ब्रह्मचर्य ज्ञान की बजाय अमैथुन का पर्याय समझा जाने लगा। भगवान महावीर ने इसी प्रचलित अर्थ को ग्रहण कर ब्रह्मचर्य को पंचव्रतीय धर्म में विशेष प्रतिष्ठा देकर स्थापित कर दिया। इसके लिए उनके समझ देश-काल-परिस्थिति के अपने कारण रहे होंगे जो एक इतिहास का विषय है।

आज बहुत बड़ा प्रश्नचिह्न अंकित है ब्रह्मचर्य शब्द के आगे। फ्रायडवादी घोषित करते हैं कि धर्म में मैथुन के नकार पर जो बेहद जोर दिया गया है उसी के कारण व्यक्तियों के मन-मस्तिष्क में सेक्स कुंठाएँ निर्मित हुई हैं और वे सारे मनोविकारों के लिए उत्तरदायी हैं। सेक्स कुंठाओं के कारण ही प्रमुखतः प्रत्येक व्यक्ति घुटन और टूटन का शिकार है और त्रस्त है। लगभग उसकी सभी मनोव्याधियाँ सेक्स कुंठाओं के कारण होती हैं। समाज के सारे दूषण सेक्स के अवदमन के कारण ही बनते हैं। उसी क्रम में रजनीश ने विवाह संस्था से अधिक मुक्त-सेक्सभोग को महत्त्व दिया और उसका प्रचार किया। सही ढंग से धर्म को जीने और निर्वाण-लाभ के लिए रजनीश ने मुक्त भोग को उचित ठहराया। दोनों ही सेक्सवादी विचारकों की पकड़ मनुष्य के अन्तरंग जीवन को रुद्ध सेक्स आवेगों से मुक्त करने के लिए है। फ्रायड मानता है कि यदि मनोविश्लेषण के तकनीक से व्यक्ति सेक्स-कुंठाओं से मुक्त हो जाए तो वह अपराध-बोध तथा अनेक व्याधियों से मुक्त हो सकता है और व्यक्ति सामान्य नागरिक जीवन जीने लायक हो सकता है। रजनीश का भी विचार है कि रुद्ध सेक्स आवेग मस्तिष्क में हलचल मचाये रहते हैं। उनके रहते कोई भी व्यक्ति सच्चे अर्थों में सामायिक और ध्यान नहीं कर सकता। यदि ध्यान करेगा, तो वह आर्त और रौद्र ध्यान होगा, धर्म ध्यान नहीं होगा और शुक्ल ध्यान की कल्पना भी नहीं की जा सकती। इसलिए चित्त को सेक्स कुंठाओं से मुक्त करना धर्म ध्यान और समाधि अवस्था प्राप्त करने के लिए अत्यावश्यक है। अब वे कुंठाएँ कैसे क्षय हों, इसके लिए दोनों ही विचारक सेक्स के बारे उदार दृष्टिकोण अपनाने की बात करते हैं क्योंकि बिना उदार दृष्टिकोण अपनाये उक्त कुंठाएँ चेतना के

सतह पर नहीं आ सकतीं और सतह पर आये बिना उनका क्षय नहीं हो सकता। उदार दृष्टिकोण के तहत ये सेक्स भोग को आनन्द, सुन्दर और परमसुन्दर अलंकारों से मंडित करते हैं और उसे पाप किसी मूल्य पर नहीं कहना चाहते। हाँ, इसका तात्पर्य यह कदापि नहीं है कि ये विचारक सेक्स-भोग के अतिरेक की वकालत करते हैं। उनका कहना इतना ही है, कि जिस प्रकार जीवन की अन्य मानसिक शारीरिक जरूरतें हैं, सेक्स भी उन्हीं में से एक उतनी ही महत्त्व की जरूरत है। भूख, प्यास, मलमूत्र-त्याग आत्मरक्षा, प्यार, वात्सल्य आदि जरूरतों की तरह है सन्तति-प्रजनन और उसी से जुड़ी हुई सेक्स या रति-कामना। रति-कामना को भी वैसे ही साधारण रूप से लीजिए जैसे अन्य कामनाओं को लिया है। उसे अधिक या कम महत्त्व क्यों दिया जाए और उससे भड़का क्यों जाए। भड़कने का मतलब है, कि मन में उसके प्रति कोई अपराध-बोध का शल्य छिपा है। अन्यथा अन्य कामनाओं की तरह रति को भी चेतना की सतह पर आने दीजिए। अन्यों की तरह इसे भी सहज ढंग से समझिए तथा अन्य कामना-तृप्तियों की तरह रति कामना-तृप्ति को भी उसका पर्याप्त तर्कसंगत आधार देते हुए अतिरेक से बचाने की व्यवस्था कीजिए।

यह मनोवैज्ञानिक सत्य है कि जिस वृत्ति के ऊपर सीमा से अधिक निषेध के अंकुश लगाये जाते हैं, वह वृत्ति भीतर उतनी ही अधिक उग्र होती जाती है और मौका पाते ही उसकी तृप्ति में असाधारण अतिरेक हो जाता है। ऐसा सेक्स ही नहीं, प्रत्येक वृत्ति के साथ घटित होता है। इस अतिरेक से बचाने के लिए अमैथुनीय ब्रह्मचर्य को अविवेकपूर्ण ढंग से नवयुवकों-युवतियों के गले उतारने से बचा जाए। इसका सबसे अच्छा तरीका विवाह संस्था तो है ही, इसके अतिरिक्त खुले समाज का वातावरण बनाना भी है। सेक्स-कुंठा का रेचन बहुत अंशों में भिन्न लिंगियों का परस्पर बतियाना, उठना-बैठना, खाना-पीना, संगीत, नाच और नाट्य विधाओं के द्वारा होता है। यह एक शुभ संकेत है कि अब धर्म समारोहों में भक्ति-संगीत और नृत्य सम्माननीय स्थान प्राप्त कर रहा है। भक्ति के आवेश में थिरकते हुए पुरुष और नारी सही मानों में अपनी कुंठाओं का रेचन कर प्रभु को समर्पित करते हैं और अपना मन हल्का करते हैं। अब ज्ञान का नीरस माहौल भक्ति की सरस संगीत लहरों पर थिरकती मोहनी मुद्रा में सिमट रहा है। इससे ज्ञान अथवा ब्रह्म का सही रूप में चरण सम्भव है।

इस ब्रह्मचर्य के माध्यम से ज्ञानावरण तिरोहित होकर ज्ञान की उच्चतर भूमिकाओं में बढ़ा जा सकेगा। ब्रह्मचर्य के नाम पर कुंठाओं और वर्जनाओं को सेवित करना और उससे घुटन टूटन के अंकुरों का झाड़ उगाना मानसिक स्वास्थ्य के लिए कदापि शुभ नहीं है। धर्म साधना के लिए आधुनिक मनोविज्ञान के नये तकनीकों को अपनी प्रयोगशाला में लाकर आजमाना कोई बुरी बात नहीं है।

सेक्स के सम्बन्ध में उपर्युक्त वक्तव्य देने का यह आशय कदापि नहीं है कि समाज में यौन अराजकता को प्रोत्सहान दिया जाए, बल्कि आशय है दो अतिवादों से बचा जाए। पहला अतिवाद है मैथुन के साथ पापबोध का आतंक तथा दूसरा अतिवाद है यौन अराजकता। दोनों के मध्य का रास्ता ही ब्रह्मचर्य व्रत की परिधि में अभिप्रेत है। उपर्युक्त मर्यादाएँ स्वीकारते हुए सेक्स की तृप्ति और उदार दृष्टिकोण से सेक्स का उच्चतर मूल्यों में उदात्तीकरण—मेरे विचार से ब्रह्मचर्य का ऐसा शालीन सम्बोध मानसिक स्वास्थ्य के लिए कार्यकारी है।

किसी भी वासना या कुंठा को क्षय करने के लिए उसकी उदीरणा कर चेतना की सतह पर अवश्य लाना होगा। खुले मन-मस्तिष्क और समाज में ही सेक्स जैसी वासना सतह पर आएगी। जब सतह पर आएगी तो ऐसा लगेगा कि यौन अराजकता का युग आ गया है और आतंक का माहौल पैदा होगा। ऐसी स्थिति में प्रबुद्ध लोगों को तनिक संयम से काम लेते हुए परिस्थिति का जायजा लेना चाहिए। ऐसी स्थिति को एकदम अराजकता न कहकर कर्मोदय-जनित परीषह समझना चाहिए, जिसे सम्यक् विवेक से सहकर निपटना है और वासना क्षय करनी है। ऐसे खुले माहौल में धर्म मूल्यों को नये तकनीक में प्रतिपादित करने की जरूरत है तथा ध्यान शिविरों के आयोजन जगह-जगह करने-करवाने हैं। संगीत और नाट्य विद्या का भी सही ढंग से उपयोग करना है। टी.वी., रेडियो आदि माध्यमों से नयी पीढ़ी को धर्मध्यान की ओर आकर्षित करने के लिए प्रचार-प्रसार करना है। यह तय जान लेना चाहिए कि सेक्स केवल सम्भोग से ही तृप्त नहीं होता। वह चेतना की सतह पर आकर अपना मुक्त प्रदर्शन करे जिसमें अंग प्रदर्शन, समूहगान, नृत्य नाट्य, समूह भोज, स्वस्थ यौन साहित्य का पाठ, कला प्रदर्शन तथा मुक्त विचार-विमर्श आदि बातें शामिल हैं। इसके साथ ही प्रेम-विवाह को प्रोत्साहन और नये धार्मिक साहित्य का प्रचार-प्रसार वासनाक्षय

का स्वस्थ तकनीक है। किसी रुद्ध वासना को उभार कर देख लेना मात्र उसे शान्त करने के लिए काफी होता है। जैनों का यही प्रेक्षाध्यान होता है, बौद्धों की विपश्यना ध्यान विधि है। वासना को सतह पर लाइए और देखिए, बस देखिए और दृढ़तापूर्वक उसकी परीषह को जय कीजिए। यही मूल मन्त्र है वासना-मुक्ति का और समूह-चेतना को निष्कलुष बनाने का। संक्षिप्ततः सेक्स का अतिरंजित पापबोध और अतिरंजित यौन-भोग दोनों ही गलत रास्ते हैं और वे ब्रह्मचर्य से भटके हुए हैं। बीच का रास्ता है संयमित यौन-भोग और निःशेष अपराधबोध।

परीषहजय

संवर साधना का अगला हेतु है परीषहजय। परीषहजय का उल्लेख पूर्व चर्चा में भी आया है। उसका कुछ अनौपचारिक विवेचन यहाँ अभिप्रेत है। शाब्दिक अर्थ में 'परीषह्यते इति परीषहः' जो सहन की जाए वह परीषह होती है। औपचारिक अर्थ में भी परीषह का तात्पर्य उपसर्गों को सहना होता है। जैन जीवन प्रणाली आक्रामकता का अनुमोदन बिलकुल नहीं करती, अपितु आक्रामकता को सहने का निर्देश करती है। चाहे वह आक्रामकता खुद अपनी ही अपने लिए क्यों न हो। यह बड़ी विचित्र बात है कि अपनी आक्रामकता खुद अपने लिए कैसे हो सकती है? आक्रामकता का रुख सदैव बाहर की तरफ होता है। किन्तु जैनों के दृष्टिकोण में रौद्र और आर्त परिणाम अपनी आक्रामकता है, जो अपने पर हावी होती है, अपने को ही खाती है। अतः हमारे रौद्र और आर्त परिणाम जो हमारे ही गहन अन्तरंग से कर्मोदय के परिणाम-स्वरूप उपजते हैं और हमारे आत्म पर हावी हो जाते हैं, उनके आतंक को समतापूर्वक सहना परीषहजय कहलाता है। यह शुद्धतः मनोवैज्ञानिक पहलू है। यहाँ हम इसी पहलू को आगे बढ़ाते हैं। शारीरिक और पर्यावरणीय पहलू प्रस्तुत सन्दर्भ में अप्रासंगिक हैं।

यह अनुभव की बात है कि राग, द्वेष, क्रोध, मान, माया, लोभ आदि मनोविकार अन्तरंग संरचना की उथल-पुथल के ही परिणाम होते हैं। ये बाह्य उद्दीपकों से ही पैदा हों, यह नियम नहीं। वस्तुतः होता यह है कि जब ये मनोविकार सक्रिय होते हैं तो ये अपने आरोपण के लिए बाह्य विषयों को खोजते हैं। उस समय जो भी विषय हाथ लगता है उसी से जुड़ जाते हैं। जब मन में क्रोध होता है और विषय रूप में कोई शत्रु नहीं मिलता

तो वह अपने प्रियतम विषय में ही कोई मामूली-सा दोष ढूँढ़कर उस पर बरस पड़ता है। जब चित्त में राग उत्पन्न होता है और साथ ही शारीरिक सेक्स-ग्रन्थियों का पर्याप्त स्राव हो रहा होता है तो व्यक्ति दोनों के प्रभाव में जो भी भिन्न लिंगी समायोजित ढंग से मिल जाए उससे प्रेम कर बैठता है। बाहर देखने के लिए बहाना होता है कि अमुक उद्दीपक के कारण क्रोध अथवा प्रेम पैदा हुआ था। उसमें अन्तरंग रचना क्या करे, वह तो स्वच्छ स्लेट है, जिस पर जैसा लेख बाहर से लिखा गया लिख गया, किन्तु जैन इसे स्वच्छ स्लेट न मानकर पूर्व कर्मों/संस्कारों की वनस्थली मानते हैं जिसमें उनके परिपक्व होने पर तदनुसार भाव पैदा होते हैं, फिर किसी बाहरी निमित्त से जुड़कर अनुकूल-प्रतिकूल परिस्थितियों का सृजन करते हैं। अनुकूल परिस्थिति में व्यक्ति रागरंजित होकर रमता है और उसका स्वागत करता है। प्रतिकूल परिस्थिति में वह संघर्ष करता है और दुःखी होकर रमता है। दोनों स्थितियों में रमता जरूर है। किन्तु जो व्यक्ति धर्म-भाव में दीक्षित तटस्थ दृष्टि रखता है उसके लिए यह दोनों को अपने आत्मज्ञान और समताभाव के लिए चुनौती मानता है। उसके लिए ये दोनों परीषहें हो जाती हैं, जिन्हें वह द्रष्टा ज्ञाता होकर समताभाव से सहता भर है, रमता भोगता नहीं है। वह अपने अन्तरंग से उठे हुए आवेगों की परीषह को ही सहता है, जय करता है। इस प्रकार की परीषहजय से संवर साधना के कदम आगे बढ़ते हैं।

इस तर्क को हम कुछ विशिष्ट उदाहरणों से पुष्ट करते हैं। भगवान महावीर की छद्मस्थ अवस्था में संगम देव ने उपसर्ग ढाते हुए अनेकानेक रमणीय सुन्दरियों को प्रकट किया ताकि महावीर के अन्तरंग में उदित मोहनीय कर्मजनित राग को उत्तेजित किया जाए। यह परिस्थिति रागी व्यक्ति के लिए अनुकूल और सुखद थी, किन्तु महावीर ने इसे तटस्थ भाव से सहा। राग की परीषहजय कर ली। दूसरे उदाहरण में भगवान पार्श्वनाथ के जीव ने जन्म-जन्मान्तर पर्यन्त कमठ के वैर के उपसर्ग के निमित्त से उत्पन्न हो रहे क्रोध की परीषह को वीतराग भाव से सहा और अपने कर्मों को क्षय किया। ऐसे अनेकानेक उदाहरण प्रत्येक व्यक्ति के अपने जीवन में भी मिलेंगे। बाहरी उपसर्गों का अन्तरंग के भावों से कभी-कभी तदाकारता नहीं भी होती है, तो वह उपसर्ग उपसर्ग न होकर मामूली घटना रह जाती है, किन्तु जब अन्तरंग की कोई कषाय बाहर से जुड़ती है तभी साधक के लिए

परिस्थिति गम्भीर बनती है। तब सच्चे अर्थों में परीषह का सामना होता है। जैन साधक तब बाहरी परिस्थिति को सुधारने के लिए इतना उत्सुक नहीं होता, जितना वह अपने अन्तरंग पर समताभाव के लिए होता है, ताकि उसका अपना जुड़ाव बाहर से न रहे और जो मनोविकार बाहरी निमित्त से जुड़ा है वह स्वतः क्षय हो जाए। यही परीषहजय है—सच्चे अर्थों में अपनी आत्मदृढ़ता को दृढ़तर बनाने के लिए और अपनी गुप्त शक्तियों को अपने में धारण करने के लिए। इस प्रक्रिया से आत्मोपलब्धि की ओर बढ़ने का मार्ग प्रशस्त होता है।

परीषहजय से ही जुड़ी हुई है तपस्या। वस्तुतः परीषहों को सहना एक प्रकार से तपस्या ही है। बल्कि यूँ कहिए तपस्या परीषहजय से भी एक कदम आगे है। परीषहजय में तो सहजरूपेण जो परिस्थिति पैदा होती है उसे सहा जाता है, किन्तु तप में तो प्रतिकूल परिस्थितियाँ सहने के लिए बनायी जाती हैं या प्रतिकूल परिस्थितियों में जान-बूझकर अपने को झोंका जाता है, ताकि सहनशक्ति की परीक्षा हो और वह मजबूत बने। साथ ही आत्मशक्तियों को रोकने वाले कर्मों की निर्जरा हो। इसमें बाहरी कायक्लेश से लेकर अन्तरंग की आत्मतितिक्षा तक शामिल है। इससे वस्तुतः साधना की ऐसी आग प्रज्वलित की जाती है जिसमें सारे कर्मफल और कूड़ा-कचरा शीघ्र ही जलकर राख बन जाए और आत्मप्रदेशों से निर्जरित हो जाए। यह आग काफी व्यापक पैमाने पर लगायी जाती है। कोई कोना छोड़ा नहीं जाता। इस प्रकार तप को समझने के लिए उसे बहिरंग और अन्तरंग रूपों में वर्गीकरण किया गया है। प्रस्तुत चर्चा में केवल अन्तरंग रूप का ही विवेचन करना प्रासंगिक है, क्योंकि कहा गया है कि अन्तरंग तप सर्वाधिक महत्त्वपूर्ण है। यहाँ तक कि अन्तरंग तप के बिना केवल बहिरंग तप तपा जाना है, तो वह बालतप है, मिथ्यात्व का कारण है और व्यर्थ का आडम्बर है। अतः अन्तरंग तप के साथ ही बहिरंग तप का मूल्य होता है और वह मोक्ष का कारण होता है।

अन्तरंग तप प्रायश्चित्त, विनय, वैयावृत्य, स्वाध्याय, व्युत्सर्ग और ध्यान रूप गिनाया गया है। संक्षेप में प्रायश्चित्त पूर्वकृत दोषों का चितवन और उन्हें आगे न दोहराने का संकल्प है। विनय चित्त के अहंकार को त्याग कर उसमें कोमल और संवेदनशील चित्त में वात्सल्य भाव से ओतप्रोत होकर साधु-जनों की सेवा करना है। स्वाध्याय देव-शास्त्र-गुरुओं की देशनानुसार

तत्त्व-चिन्तन का अभ्यास करना है। तत्त्व-चिन्तन के आधार पर चित्त में से बाह्य संग्रह और अपने शरीर तक के प्रति ममत्व भाव को त्यागना व्युत्सर्ग गिना जाता है। और इस सम्पूर्ण की पृष्ठभूमि पर ध्यान की उच्च भूमिकाओं में बढ़ने का प्रयास कर आत्मोपलब्धि करना ध्यान तप है। ध्यातव्य है, इन छः प्रकार के तप में क्रमशः उत्तरोत्तर चेतना की गहराई में उतरते हुए अपने आत्म की खोज का प्रयास है जो कि शुद्धतः मनोवैज्ञानिक प्रक्रिया है, जिससे चित्त की सारी विक्षिप्तताएँ स्थायी रूप से ठीक हो जाती हैं। इनमें सर्वाधिक महत्त्वपूर्ण तप ध्यान है। शेष तप इसी की तैयारी के लिए किये गये तप हैं।

ध्यान और मेरु-साधना

जिनोपदिष्ट चार प्रकार के ध्यानों में से पहले दो आर्त और रौद्र ध्यानों की चर्चा विवेचन पहले ही की जा चुकी है। वे ध्यान अप्रशस्त ध्यान हैं, जिनसे कर्मबन्ध होता है और जो मन की विक्षिप्तता के स्तर तक ले जाते हैं। प्रशस्त ध्यान धर्म और शुक्ल हैं। धर्मध्यान आर्त और रौद्र परिणामों से विमुक्त होकर उनके स्थान पर मोक्षमार्ग के विभिन्न पहलुओं पर चिन्तन-मनन के द्वारा होता है। मोक्षमार्ग के यथार्थ द्रष्टा तथा वक्ता तीर्थंकरों की वाणी पर चित्त को लगाना धर्म ध्यान का पहला स्वरूप है, जिससे अन्तरंग में उगे हुए सम्यक्त्व (आस्तिक्य) भाव की पुष्टि होती है। इसे आज्ञाविचय धर्म-ध्यान कहते हैं। आज्ञाविचय के साथ ही चिन्तवन करते हुए कुमार्ग से मन को विरत करना और उनकी विसंगतियों को देखना अपायविचय ध्यान होता है। आज्ञा और अपाय दोनों एक-दूसरे के पूरक ध्यान हैं और क्रमशः अगल-बगल होकर चलते हैं। इससे मन भवदुःखों के कँटीले झाड़ों की व्यावृत्ति करता हुआ निरापद मोक्षमार्ग के ध्यान में रमता है जिससे सम्यक्त्व की पुष्टि होकर शुभ कर्मों का बन्ध होता है। पूर्व के ध्यानों से घुटन टूटन की मनःस्थिति बनी थी उसके शमन होने की बारी आ जाती है। इसी क्रम में ध्याता फिर सीधे घुटन, टूटन के कारणों की खोज में लग जाता है। इस खोज में वह कर्म विपाक की भूमिका का महत्त्व देखता है। वह अपने सम्पूर्ण मानसिक उद्वेलन का कारण अपने पूर्वकृत आर्त और रौद्र परिणामों की भँवरों में देखता है जिन्होंने कर्मग्रन्थियों का रूप धारण किया था और जो परिपक्व होकर सतह पर आ गयी हैं और उसकी सारी मानसिक समस्याओं

को पैदा कर रही हैं। इस प्रकार कर्म-विपाक का चिन्तवन कर समताभाव को अधिकाधिक धारण करना विपाकविचय धर्म-ध्यान है। आगे कर्मविपाक के फलस्वरूप ही जीव की पूरे संसार में भटकन है। संसार चौदह राजू परिमाण में मानवाकार सृष्टि है जिसमें अधोलोक, मध्यलोक, ऊर्ध्वलोक सम्भाग हैं और चारों गतियों के जीवों—देव, नारकी, मनुष्य और तिर्यंचों का अपने अपने कर्मानुसार भ्रमण होता रहता है। इस प्रकार सम्पूर्ण लोक-संस्थान का चिन्तवन संस्थानविचय धर्मध्यान होता है। इन चारों प्रकार के प्रशस्त ध्यानों से अप्रशस्त आर्त और रौद्र ध्यानों से विरत होकर चित्त के व्यामोह में शुभ की ओर संक्रान्ति हो जाती है, जो चित्त की स्थिरता के लिए बहुत आवश्यक है।

घुटन टूटन से मुक्त होने का सर्वोत्तम उपाय ध्यान ही है। धर्म-ध्यान आत्मध्यान की पूर्व पीठिका है। जैसे ही दबी हुई वासनाएँ और कर्मोदयजनित आर्त और रौद्र परिणाम चेतना की सतह पर आकर आक्रमण करना शुरू करते हैं व्यक्ति के अन्दर टूटन और विक्षिप्तता का दौरा पड़ने लगता है। ऐसी परिस्थिति में ध्याता को चाहिए कि वह जहाँ जैसा हो तुरन्त अपनी चेतना का द्विधाकरण करे। एक भाग मात्र द्रष्टा होकर जो कुछ उपद्रव सामने आया है उसे देखने लग जाए, जिसके नीचे यह विश्वास स्थिर रखे कि उसका द्रष्टा सत्त्व उसके अटल द्रव्यत्व के धरातल पर खड़ा है, जिसका कोई कुछ नहीं बिगाड़ सकता। द्रष्टा रूप पर इस उपद्रवी कर्मोदय को हावी न होने दे, ऐसा सम्यक्त्व स्थिर कर परीषहजय करे, तो निश्चय ही वह सारा उपद्रव कुछ समय के बाद स्वत: शान्त होने लगेगा। यह परीषहजय करते समय महामन्त्र का जाप तथा तीर्थंकरों तथा अन्य साधु जनों के भीषण उपसर्गों का चिन्तवन करे। अब इसके साथ स्नायविक शक्ति के लिए प्राणायाम और कुछ हल्के प्रशान्तकों का भी सहारा ले तो कोई हर्ज नहीं है, किन्तु प्रशान्तकों के गहरे ग्रास तथा नशेबाजी के घूँट कदापि न पिए। गहरे प्रशान्तक तथा नशेबाजी से कालान्तर में स्नायुएँ दुर्बल हो जाती हैं तथा फिर रोग असाध्यता की कोटि में पहुँच जाता है। धर्म-ध्यान का सम्यक् उपयोग मानसिक स्वास्थ्य के लिए सर्वोत्तम उपाय है। और यह धर्म-ध्यान अपनी दैनिकचर्या पालते हुए अगल-बगल में लम्बे समय तक किया जा सकता है। इसकी लेश्या पीत और पद्म होती है।

धर्मध्यान के बाद ही आता है शुक्लध्यान। किन्तु शुक्लध्यान, जिसे

समाधि भी कहते हैं, को सम्भावना तभी बनती है जब साधक धर्म-ध्यान का अच्छा अभ्यास कर लेता है। इस अभ्यास में बारह भावनाओं की अनुप्रेक्षा महत्त्वपूर्ण भूमिका अदा करती है। इन अनुप्रेक्षाओं में से लोकानुप्रेक्षा पर आधारित संस्थान-विचय ध्यान का रूप कुछ तकनीकी दिशा लेता है। इस तकनीकी दिशा से ही धर्म-ध्यान से शुक्ल-ध्यान की दिशा में बढ़ा जा सकता है। अत: यहाँ संस्थान-विचय का खुलासा करना जरूरी है।

लोक, जैसा कहा, जैन दृष्टि में एक बड़ी मानवाकृति के समतुल्य है अथवा वह डमरू के आकार से भी कुछ-कुछ तुलनीय है, जिसमें ऊर्ध्व, मध्य और अधोलोक के विभाग हैं। जम्बूद्वीप, जिसमें मनुष्यों का निवास है मध्यलोक के ठीक बीच में पड़ता है। मध्यलोक से नीचे क्रमश: सात नरक-भूमियाँ और निगोद स्थित है। ऊपर सोलह स्वर्ग, नव ग्रैवेयक, नव अनुदिश, पंच अनुत्तर विमान और सबसे ऊपर सिद्धक्षेत्र स्थित है। यह लोक आकाश, धर्म, अधर्म और काल पदार्थों से निर्मित है जिसमें पुद्गल और जीवों का निरन्तर परिभ्रमण होता है। पुद्गल तो अचेतन पदार्थ है, किन्तु जीव चेतन पदार्थ है जो पूरे लोक में अपने कर्मोदय के अनुसार जन्म-मरण का क्रम भोगते हुए परिभ्रमित रहता है और दु:ख-समुदाय इकट्ठा करता है। अत: वैचारिक स्तर पर इस लोक-रचना और उसमें परिभ्रमित जीव की नियति पर चिन्तवन करना लोक आर्य-भावना या लोकानुप्रेक्षा है, किन्तु इस अनुप्रेक्षा के आधार पर ध्यान साधना एक अलग तकनीक है। लोक रचना के रेखाचित्र को ध्यान से देखने पर स्पष्ट होता है कि यदि इसे एक वृत्त में घेरा जाए तो उसका केन्द्र-बिन्दु मध्यलोक के ठीक बीचोबीच पड़ता है। ऊपरी ध्रुव से सिद्ध क्षेत्र और दक्षिणी तल में निगोद क्षेत्र आता है। ऊपरी ध्रुव से तल क्षेत्रपर्यन्त एक राजू चौड़ी और चौदह राजू लम्बी ठीक बीचोबीच एक त्रस नाली अवस्थित है। सम्पूर्ण मध्यक्षेत्र, जिसमें मनुष्यों का निवास है, इसी त्रसनाली के बीचोबीच समाया हुआ है। मध्यलोक के बीचोबीच एक लाख योजन ऊँचाई का सुमेरु पर्वत अवस्थित है जिसके चारों ओर ही मध्यलोक का सम्पूर्ण भूगोल सीमित है। त्रस जीव तथा अन्य बादर जीव इसी त्रस नाली में रह सकते हैं। हाँ, स्थावर तथा सूक्ष्मजीव लोक में सर्वत्र पाये जाते हैं। यह त्रस नाली इस लोक का मेरुदंड है, जिसका ऊपरी सिरा सिद्धक्षेत्र में समाप्त होता है जहाँ अनन्त सिद्ध आत्माओं का निवास है और दूसरा सिरा सृष्टि के दूसरे अन्त्य छोर पर समाप्त होता है। द्रष्टव्य है, इस

त्रस नाली अथवा मेरुदंड के केन्द्रबिन्दु पर सुमेरु पर्वत स्थित है और उसके चारों ओर मध्यलोक की सम्पूर्ण रचना। अब आइए, थोड़ा वैज्ञानिक दृष्टिकोण से इसे परखें। सम्पूर्ण लोक ऊर्जापुंज है, जो लगभग अंडाकार रूप में लोक में प्रसरित है। लोकरूप ऊर्जा-पुंज का कोई केन्द्र-बिन्दु होना चाहिए जैसा कि सृष्टि की प्रत्येक सत्ता इकाई में होता है, जहाँ पर ऊर्जा का सर्वाधिक संरक्षण होता है और वहीं पर ऊर्जा का चुम्बकीय क्षेत्र बनता है। उसी केन्द्र-बिन्दु को स्पर्श करता हुआ ऊपर से नीचे तक का सम्पूर्ण क्षेत्र सम्प्रेषणशीलता में चुम्बकीय शक्ति के माध्यम से एक सूत्र में बेधकर अत्यन्त संवेदनशील हो जाता है। वृत्त की शेष परिधि की चुम्बकता का नियन्त्रण इसी केन्द्र से होता है। वह केन्द्र-बिन्दु मध्यक्षेत्र का सुमेरु पर्वत है जहाँ पर स्वभावतः लोक-ऊर्जा का सर्वाधिक संरक्षण सोचा जा सकता है। सुमेरु पर्वत की चोटी का ही सीधा सम्बन्ध सिद्धशिला के केन्द्र से जुड़ता है। इसीलिए शायद जैन द्रष्टा ने मध्यक्षेत्र को ही मोक्ष लाभ का क्षेत्र माना है और उसे पुरुषार्थ करने का क्षेत्र कहा है।

अब हम अपने विवेच्य विषय धर्मध्यान के संस्थान-विचय पर आते हैं। इस ध्यान में लोक-रचना को ध्यान का विषय बनाना अभिप्रेत है। ध्यातव्य है, जब ध्याता पद्मासन अथवा खड्गासन की अवस्था में अपने मेरुदंड को सीधा कर मस्तिष्क के ब्रह्मरन्ध्र के शीर्ष-बिन्दु से मेरुदंड के निम्नतम मूलाधार छोर तक एक सीध में कर लेता है और प्राणायाम आदि क्रियाओं से अपनी सम्पूर्ण ऊर्जा को मेरु के मध्य हृदय बिन्दु पर एकाग्र करता है और उसे अपने संस्थान विचय धर्म-ध्यान के द्वारा लोक के मेरुदंड में स्थित सुमेरु पर्वत से तदाकार करता है तो उसे ऊर्जा के केन्द्रीयकरण का पूरा लाभ मिल सकता है।

जैनों की यह मेरु साधना एक अत्यन्त महत्त्वपूर्ण साधना है, जिसे थोड़ा विस्तार से समझना जरूरी है। सिद्धक्षेत्र दिव्य ऊर्जा, जो लोक-ऊर्जा का अत्यन्त परिष्कृत रूप है, का सर्वोच्च शिखर और आद्यन्त स्रोत है। उस क्षेत्र से शुद्धतम ऊर्जा की दिव्य विभूति सम्पूर्ण त्रस नाली के द्वारा सम्पूर्ण लोक में विकीर्ण होती रहती है। इस विभूति-वर्षा का सर्वाधिक चुम्बकीय क्षेत्र सुमेरु पर्वत की चोटी बनता है। उसी चोटी से उक्त विभूति चारों ओर प्रसरित होती है। इस तरह विभूति प्रसारण का सर्वाधिक लाभ उन जीवात्माओं को ही मिल पाता है जो अपने तपःपूत पुरुषार्थ से मेरु के आस-पास तैयार

होती हैं। इस विभूति के माध्यम से उन तप:पूत आत्माओं का सीधा सम्बन्ध दिव्य विराट से हो जाता है, जिसके बाद सिद्ध पीठ ही उनका उपयुक्त स्थान होता है। किन्तु ऐसी जीवन्मुक्त आत्माएँ मुक्त क्षेत्र में गमन करने से पूर्व उक्त दिव्य विभूति अपने आभामंडल से सर्वत्र विकीर्ण करती हैं तथा धर्मतीर्थ का प्रवर्तन कर अधिक से अधिक भव्यात्माओं को सही रास्ते पर ला देती हैं और उन्हें भी मुक्त क्षेत्र की दिशा इंगित कर देती हैं। ध्यान देने की बात है, कि विभूति-वर्षा का लाभ उन्हीं आत्माओं के खेतों को उतना ही मिल पाता है, जितना उन्हें अपने तप और ज्ञान से जोतकर तैयार कर लिया गया है। प्रत्येक आत्मा के पुरुषार्थ का उपादान दिव्य-विभूति के निमित्त से मिलकर ही आध्यात्मिक शिखरों का निर्माण कर पाता है। अकेला पुरुषार्थ रूपी उपादान कार्यकारी नहीं होता। कृपा विभूति हर समय एक-सी नहीं बरसती। उसकी कम अधिक की भी एक साइकिल है जो अपने लोक-रचना के विराट नियमों से चालित होती है। कहने का तात्पर्य यह है, कि अध्यात्मिक दृष्टिकोण से सम्पूर्ण लोक-रचना में मेरु पर्वत की स्थिति ही सर्वाधिक महत्त्वपूर्ण है, जो पिरामिड रूप में उठा हुआ है जिसके धरातल में सात नरक भूमियाँ और निगोद की अन्धतम भूमि दबी हुई है। मानो वह स्वर्णोज्ज्वल सुमेरु अपने पुरुषार्थ से उन नरकों की तामसिक काली रात को भेदकर ऊपर आया हो और दिव्य-विभूति की स्वच्छ धवल उजियाली से अपना माथा आभामंडित कर ऊपर उठाया हो। इस प्रकार यह सुमेरु पर्वत एक ओर निश्चय पुरुषार्थ का प्रतीक है तो दूसरी ओर दिव्यता विकीर्ण करता हुआ परम कल्याण की प्रतिमूर्ति है। धर्म-ध्यान की विचय साधना का केन्द्र-बिन्दु मेरु पर्वत के माध्यम से एक ओर लोक-मेरुदंड (त्रसनाली) और दूसरी ओर अपना व्यक्तिगत मेरुदंड का संगुथित ज्योतिस्तम्भ होता है। इस संगुथित मेरु की तह में लोक के ठीक केन्द्रस्थल पर शक्ति का परम देवता सिद्धात्म विराजित होता है। अपने अस्तित्व में सिद्धात्मा की दिव्य विभूति समेटकर प्रत्येक जीवात्मा में उसके कर्मावरणक्षय के अनुपात में यथासमय शक्तिपात करता है जिससे जीवात्मा की अन्त:शक्तियाँ बन्धन-मुक्त होने लगती हैं। इसी सिद्धान्त पर शायद देव-मन्दिरों का निर्माण किया जाता है, जिसमें सुमेरु पर्वत की अनुकृति-रूप शिखर-निर्माण के नीचे बने गर्भ-गृह में देव-प्रतिमा प्रतिष्ठित की जाती है, और जहाँ सिद्धक्षेत्र से बरसती हुई दिव्य-विभूति का शक्तिपात शिखर चोटी की चुम्बकीयता से होता हुआ

अत्यन्त संवेदनशील चुम्बकीय बिन्दु देवप्रतिमा के हृदय-कमल पर होता है, जिस पर ध्यान स्थिर करने पर आध्यात्मिक विकास की गति तेज हो जाती है और मिथ्यात्वी भव्य जीव को भी सम्यक्त्व-लाभ स्वत: हो जाना सम्भव हो जाता है।

स्पष्ट है, धर्म-ध्यान में लोकभावना या लोकानुप्रेक्षा का इसीलिए बड़ा महत्त्व है। सम्पूर्ण लोक-रचना का यथासम्भव सविस्तार अध्ययन और मनन करने के बाद देवप्रतिमा के हृदय-कमल पर प्रणव ओंकार धुन के साथ महामन्त्र या बीजमन्त्र का सम्यक् प्राणायाम नियन्त्रण करते हुए मेरु साधना का उद्योग जो ध्याता करते हैं उन्हें अपने क्षायोपशमिक भावों की वेला पर परम देव की ओर से शक्तिपात का लाभ अनजाने मिल जाता है। और वे गुणस्थान शृंखला में ऊपर बढ़ने लगते हैं। इस प्रकार धर्म-ध्यान की संस्थान-विचय भूमिका की चरम परिणति शुक्लध्यान में होती है। मेरु पर्वत की पिरामिडीय संरचना के गर्भगृह के केन्द्रस्थल पर ध्याता अपने को अधिष्ठापित करते हुए जैसे सम्यक् पुरुषार्थ से लोक-ऊर्जा की त्रसनली से तदाकारिता स्थापित करते हुए ऊर्जा के परम स्रोत सिद्धक्षेत्र से जुड़ जाता है तो उसके आत्म-क्षेत्र में शक्तिपात की तड़ित् से सम्पूर्ण अस्तित्व नहा जाता है और चारों ओर दिव्य विभूति का अखंड साम्राज्य छा जाता है। ध्याता इस प्रकार पृथक्त्व-वितर्क से एकत्व-वितर्क के राज्य में द्वैत से द्वैताद्वैत में गुजरता हुआ सूक्ष्म-क्रिया-प्रतिपात के शुद्धाद्वैत राज्य में पहुँचता है। यहाँ से ही उसकी परम समाधि लगकर उसे व्युपरतक्रिया निवर्ति के सर्व विशुद्ध शून्याकार राज्य में पहुँचा देता है, जहाँ से उसकी अगली मंजिल सिद्धक्षेत्र की मूढ़ा पर ही होती है। इस प्रकार जैनोक्त मेरु साधना और प्रेक्षायोग व्यक्ति को नीची से नीची गति से सर्वोच्च गति तक पहुँचाने का मार्ग प्रशस्त करता है।

जैनों की इस मेरु-साधना में, गौर से देखा जाए, हठयोग से लेकर सहज प्रेक्षाध्यान तक की सारी साधनाओं का समाहार हो जाता है। इस साधना की जड़ें प्रागैतिहासिक कालीन सुमेरियनों की साधना में मिलती हैं जिसका जीता-जागता उदाहरण मिस्र के पिरामिडों की रचना है। चूँकि यह अपने में एक अलग विवेच्य विषय है, इसलिए समयाभाव के कारण प्रस्तुत चर्चा में उसका विवेचन नहीं किया जा सकता। किन्तु यहाँ यह स्पष्ट करना जरूरी है, कि मेरु-साधना अब तक की सबसे अधिक सशक्त ध्यान-

तकनीक है। यदि मन्दिरों के शिखर और गर्भगृहों का निर्माण पिरामिड-निर्माण के तकनीक पर किया जाए और प्रतिष्ठापित प्रतिमाओं में सही ढंग से मन्त्र सिद्ध कर प्राणप्रतिष्ठा की जाए, तो वे प्रतिमाएँ दिव्य शीर्ष की चुम्बकता और लोक के गुरुत्वाकर्षण का केन्द्र होकर सीधे-सीधे साधकों में शक्तिपात की क्षमता धारण कर सकती हैं।

संवर के अन्य साधन

अब तक संवर के विविध कारणों और आयामों पर प्रकाश डाला गया, जिसमें प्रसंगतः ध्यान और साधनाओं के तकनीक पर भी ऊहापोह हुआ। परन्तु हमारा विवेच्य विषय 'घुटन, टूटन, अकेलापन' शुद्धतः मनोवैज्ञानिक प्रकृति का है, इसलिए संवर के उन सभी कारकों की एक प्रकार से उपेक्षा कर दी गयी है, जिनका सम्बन्ध शारीरिक और परिवेशीय क्रियाओं से था, जैसे बहिरंग तप, समितियाँ और बाह्य चारित्र और संयम की अनुप्रेक्षाएँ आदि। फिर भी चूँकि शरीर और मन की क्रियाओं का पारस्परिक सम्बन्ध एक-दूसरे को प्रभावित करता है, अतः संक्षेप में भोजन की आदतें, रहन-सहन, पर्यावरण तथा समाज व पर्यावरण के प्रति अपनी अभिवृत्ति जैसे बिन्दुओं को चर्चाने की भी आवश्यकता है जिनसे व्यक्तित्व के विखंडन का सह-सम्बन्ध है।

1. भोजन

प्रत्येक प्राणी भोजन करता है। उसका उद्देश्य शारीरिक पोषण और तृप्ति है। परन्तु मनुष्य के भोजन करने में शारीरिक पोषण और तृप्ति के साथ संवेगात्मक और मानसिक तृप्ति का तत्त्व भी शामिल है। रोटी खाना शारीरिक पोषण के लिए होता है, किन्तु रोटी सुन्दर गोल बिली हुई हो, चमकती थाली में परोसी गयी हो और यदि समर्पित शील-सम्पन्न सुन्दर स्त्री के द्वारा बनायी और परोसी गयी हो तो भोजन का स्वाद कुछ और ही हो जाता है और उससे तृप्ति की मात्रा बढ़ जाती है। कभी-कभी अस्वादु भोजन सही ढंग से परोसा जाकर गैर सही ढंग से परोसे गये सुस्वादु भोजन की अपेक्षा अधिक तृप्ति देता है। एक ही प्रकार का भोजन पंचसितारा होटल में परोसे जाने पर मामूली ढाबे के उसी भोजन से अधिक तृप्ति देता है और उस थाली का बीस गुना मूल्य अदा किया जाता है। कहने का तात्पर्य यह, मनुष्यों का अपने भोजन

से न केवल शारीरिक भूख का ही सम्बन्ध है, बल्कि उससे अधिक संवेगात्मक और मानसिक तृप्ति से है। अत: भोजन के बारे में यह सोचना है कि भोजन कैसा, कितनी मात्रा, किस प्रकार, किस परिवेश, कैसी मन: शारीरिक स्थिति में किया जाए ताकि उससे भोजन का अभीष्ट लक्ष्य पूरा हो सके।

(क) कैसा भोजन— चूँकि हमारा प्रतिपाद्य विषय शुद्धत: हमारे मन की अवस्था से सम्बन्धित है। अत: स्वभावत: भोजन ऐसा हो जिसके करने से घुटन टूटन अवस्था से मुक्ति पाने के अन्य प्रयासों में मदद मिल सके। पहले ही कह चुका हूँ कि हमारे आर्त और रौद्र परिणामों के कारण कर्मबन्ध के द्वारा मानसिक समस्या की स्थिति पैदा होती है। तो यह आवश्यक है कि भोजन ऐसा हो जिससे हमारे आर्त और रौद्र परिणाम पैदा न हों और पहले से ही पैदा हुए ऐसे परिणामों को बल न मिले और मन और शरीर नीरोग स्वस्थ रह सकें। जिन्दा पशुओं को भोजन के लिए वध करने पर उनके अन्दर आर्त और रौद्र परिणाम पैदा हो जाते हैं और उन परिणामों की तरंगें शरीर और मन में आर्त रौद्र परिणामों को बढ़ावा देकर हिंसक क्रूर और डरपोक मनोवृत्ति पैदा करेंगी। उस मांस-भक्षी शरीर में शारीरिक बल भले ही हो, नैतिक बल कम होगा। उसी तरह वनस्पतियों में भी जीव है और उनमें भी संवेदनशीलता होती है। अत: यदि वनस्पतियों से भी बलपूर्वक कच्चे फल, फूल, पत्ते तोड़े जाएँगे तो उसमें भी आर्त परिणाम होंगे, किन्तु चूँकि पूरे वृक्ष की हत्या नहीं की है, इसलिए उसके आर्त परिणाम काफी मन्द होंगे, जिनसे मन और शरीर पर अधिक व्यापक असर न पड़ेगा जितना व्यापक प्रतिकूल असर मांस-भक्षण से पड़ेगा। पेड़ से स्वत: छूटा हुआ पका फल स्वास्थ्य के लिए सर्वाधिक उपयुक्त पदार्थ गिना जाएगा। अब इस दृष्टि से हमें अपने भोजन के बारे में प्राथमिकताएँ स्वत: निर्धारित करनी होंगी कि हम भोजन कैसा करें—मांसाहारी या शाकाहारी?

स्पष्ट जानिए, मैं यहाँ अपने शाकाहारी होने का पूर्वाग्रह आप पर नहीं थोपना चाहता, अपितु निष्पक्ष तरीके से आपके साथ मनुष्यों की भोजन सम्बन्धी आदतों पर विचार करना चाहता हूँ। मांस-भोजन मनुष्य का प्राकृतिक भोजन नहीं जैसा कि अनेक जानवरों का भी नहीं है, क्योंकि मनुष्य की आन्तरिक शारीरिक रचना मांसभक्षी पशुओं जैसी न होकर शाकाहारी पशुओं जैसी है। अत: मांस मनुष्य के लिए अप्राकृतिक भोजन है। उसके खाने से उसके मन और शरीर का प्राकृतिक विकास नहीं हो सकता है। घुटन

टूटन मन की अप्राकृतिक वृत्तियाँ हैं, क्योंकि ये किसी पशु में नहीं पायी जातीं, केवल मनुष्य में ही अपनी अप्राकृतिक जीवन शैली के कारण पायी जाती हैं। अत: शरीर और मन के सही विकास के लिए मांस-भोजन अनुकूल नहीं कहा जा सकता।

अब प्रश्न है, भोजन रुचि के अनुकूल सुस्वादु कैसे बने? इसके बारे में कोई दोटूक उत्तर नहीं दिया जा सकता। प्रत्येक व्यक्ति की रुचि भिन्न-भिन्न होती है, जो उसकी संस्कृति और परिवेश से बनती है। अस्तु, भोजन की सुस्वादुता का निर्धारण वह स्वयं करेगा। लेकिन इस तारतम्य में यह जरूर कहा जा सकता है कि सादा सात्त्विक भोजन मन और शरीर के लिए अधिक स्थायी तौर पर स्वास्थ्यप्रद हो सकता है। रुचियाँ बदलती रहती हैं। वे एक प्रकार की आदतें हैं जो बार-बार दोहराने से बनती हैं। तो यदि अच्छी सात्त्विक भोजन की आदत संकल्पपूर्वक बार-बार दोहराने से बना ली जाएँ, तो फिर वही भोजन रुचिकर और सुस्वादु भी लगने लग सकता है। यह सब सापेक्ष निर्णय हैं जो प्रत्येक व्यक्ति को अपने विवेक से अपनी लाभ-हानि देखकर करना चाहिए।

(ख) भोजन की मात्रा—भोजन की मात्रा का निर्धारण भी व्यक्ति अपनी शारीरिक भूख के अनुसार ही अपने शुद्ध विवेक से करेगा। उसमें निर्देशक विचार यह हो सकता है कि विवेक हमारी जिह्वा इन्द्रिय की स्वाद-लिप्सा से ही प्रेरित न हो बल्कि शरीर की वास्तविक जरूरत की समझ से हो तथा भूख से कुछ कम ही खाए। महीने में चार पूरे उपवास करे। या कम से कम दो पूरे उपवास तो करे ही। शारीरिक व्याधियाँ प्राय: अधिक खाने से ही होती हैं। अत: जरूरत से कुछ कम सन्तुलित सात्त्विक शाकाहारी ही तन-मन दोनों के लिए अनुकूल कहा जा सकता है।

(ग) किस प्रकार—भोजन किस प्रकार करने में भोजन करने वाले के व्यक्तित्व की पूरी संस्कृति झलकती है। सुसंयत, धीरे-धीरे, शोधबीन कर खाने वाला व्यक्ति निश्चित ही सुसंस्कृत कहा जाता है। भोजन करने में जो दूसरों का भी ख्याल रखे, दूसरों में मनुष्यों के साथ अन्य पशु-पक्षियों का ख्याल उसकी उदारता और संवेदनशीलता का परिचायक है। दिवा भोजन और स्वच्छ छना हुआ जल, शोधा हुआ अन्न, अन्तरंग शुचिता की भाषा बोलता है। सबको खिलाकर खाना या साथ-साथ खाना मन की उदारता और सहकरिता का द्योतक है। और खाने से पूर्व प्रभु का स्मरण करना भोजन

में मूल्यबोध की सूचना देता है। इस प्रकार विवेकपूर्वक किया हुआ भोजन निश्चित ही स्वस्थ मन और शरीर का निर्माण करता है।

(घ) किस परिवेश में—भोजन के लिए स्वच्छ, शान्त और प्राकृतिक परिवेश ही सर्वाधिक उपयुक्त होता है। समूह भोजों को छोड़कर भोजन स्वजनों के मध्य या साथ-साथ करना परस्पर स्नेह को बढ़ावा देता है तथा बच्चे घर की संस्कृति सबसे अधिक बड़ों के साथ भोजन करते समय ही धारण करते हैं। सही परिवेश बच्चों में कुंठाएँ पैदा नहीं करता। कुंठाएँ ही आगे चलकर मनकी घुटन टूटन का प्रमुख कारण होती हैं।

(ङ) कैसी मनः शारीरिक स्थिति में—भोजन करते समय मन आर्त रौद्र परिणामों से मुक्त हो। भोजन में विवेकबोध हो। केवल स्वाद भोजन का आधार न हो। शरीर भी क्लान्त न हो और वास्तविक रूप में भूख महसूस कर रहा हो। चंगी मनोशारीरिक अवस्था में लिया गया भोजन शरीर को लगता है और वह स्वस्थ मन को विकसित करता है।

2. रहन-सहन

रहन-सहन के मामले में पुरानी कहावत काफी सही है, 'सादा जीवन उच्च विचार।' किन्तु इस समय दुखद संयोग यह है कि सामान्य जन का न तो जीवन सादा है न ही विचार उच्च हैं। बढ़ती हुई सभ्यता की दौड़ में जीवन बनावटपूर्ण तथा असंयत है। क्रोध, मान, माया, लोभ चारों ही कषाय आज के रहन-सहन की फैशन हैं। जब तक यह फैशन चालू है, आस्रव और बन्ध चालू है, संवर बाधित रहेगा। फलतः सारी मानसिक समस्याएँ सम्भव हैं। अतः दृष्टिकोण का बदलाव तदनुसार जीवनशैली में सुधार हुए बिना मनुष्य घुटन टूटन की विभीषिका से मुक्त नहीं हो सकता।

3. पर्यावरण

मन की घुटन टूटन का एक बहुत बड़ा कारण आज का औद्योगीकरण है। चारों ओर मशीनों की चख चख, धुआँ उगलती चिमनियाँ, झुग्गी-झोंपड़ियों की दुनिया, क्रांक्रीट की आसमान से बतियाती ऊँचाइयाँ और तेज दौड़ती रेल और मोटरगाड़ियाँ इन सबने प्रदूषित और अप्राकृतिक जीवन की ऐसी खाइयाँ खोदी हैं कि मनुष्य इनमें गिरकर निकल ही नहीं पा रहा है। प्राकृतिक पर्यावरण जीने की तो बात क्या, उसके दर्शन तक दुर्लभ हैं। ऐसी स्थिति

में घुटन टूटन अकेलेपन के अलावा और हो ही क्या सकता है। इस बिन्दु का भी विस्तृत विवेचन किया जा चुका है। इस बिन्दु पर व्यक्तिगत स्तर पर सम्पूर्ण पर्यावरण तो नहीं बदला जा सकता। हाँ, खुद में संसार के जीव-जन्तुओं, वनस्पतियों के प्रति प्रेम का विकास तो किया जा सकता है और अपनी अगली पीढ़ियों को ऐसी जीवनशैली हस्तान्तरित की जा सकती है। अहिंसा व्यक्तिगत जीवन में खान-पान, रहन-सहन, आचार व्यवहार और सोचने-विचारने के स्तर पर पालने की जरूरत है। ऐसी व्यावहारिक अहिंसा से 'जियो और जीने दो' के सिद्धान्त से खुद चैन की जिन्दगी जीने का मौका बन सकता है और हम दुनिया को घुटन टूटन, अकेलेपन, पागलपन, आत्महत्या के दौर से मुक्ति दिला सकते हैं।

सच पूछा जाए, मन और शरीर के स्वास्थ्य की पुन:प्राप्ति के लिए अब इस नारे की सार्थकता है 'प्रकृति की ओर लौटो।' हरी-भरी प्रकृति के मध्य पहुँच और रहकर स्वास्थ्य स्वत: लौटने लगता है। प्रकृति जीवन्त वनस्पतियों और पशु-पक्षियों के मुक्त विहार के द्वारा जीवन्त और विशाल हृदय वातावरण में ऊँड़ेलती है। नैसर्गिक वात्सल्य प्रकृति का उपहार है जो बिना किसी भेदभाव के सबको प्राप्त होता है। उसके वात्सल्यपूर्ण प्रांगण में घुटन टूटन, अकेलापन महसूस ही नहीं होता, यदि होता है तो वह शीघ्र ही स्वत: ठीक हो जाता है।

4. समाज के प्रति अभिवृत्ति

हमारी घुटन टूटन का एक महत्त्वपूर्ण कारण हमारी समाज के प्रति अभिवृत्ति भी होती है। अत: तनिक इस बिन्दु पर भी विचार कर देखें। व्यक्ति और समाज में पारस्परिकता है। व्यक्ति समाज से अनेक अपेक्षाएँ रखता है। साथ ही व्यक्ति और समाज की विचारधारा और जीवनशैली में अन्तराल होता है। यह अन्तराल परस्पर समझदारी के आधार पर अभियोजनशीलता से पाया जा सकता है। परन्तु प्राय: होता यह है कि हम व्यक्ति के रूप में कुछ अधिक आकांक्षी होकर समाज से काफी अधिक अपेक्षाएँ रख उठते हैं और यह भूल जाते हैं कि समाज को भी हम से अनेक आकांक्षाएँ और अपेक्षाएँ हैं जिन्हें पूरा करना हमारा कर्तव्य है। फलत: सही समझदारी के अभाव में अभियोजनशीलता में कमी आती है। और दोनों ओर से, खास तौर से व्यक्ति की ओर से, दूसरे के लिए शिकायतों का दौर शुरू हो जाता है। इस शिकायती

दौर में समाज व्यक्ति की अपेक्षा शक्तिशाली सिद्ध होता है और व्यक्ति को दबना पड़ता है। फलतः व्यक्ति घुटन और टूटन का शिकार हो जाता है। समाज यदि परम्परावादी हुआ, जो अधिकतर होता है, और व्यक्ति प्रगतिवादी हुआ, तो दोनों के संघर्ष में व्यक्ति को तोड़ा जाता है, चारों ओर से उसकी भर्त्सना की जाती है। और उसकी समाज से बहिष्कार की स्थिति बन जाती है। अन्ततः व्यक्ति समाज को तो नहीं बदल पाता, या बदलता है लेकिन वह खुद टूट जाता है और अकेला पड़ जाता है। इसके विपरीत यदि समाज प्रगतिवादी हुआ और उसमें कोई व्यक्ति परम्परा से चिपके रहने को प्रवृत्त रहा, तो वह व्यक्ति उपेक्षित हो जाता है। फलतः वह कुंठाग्रस्त अकेला छूट जाता है और विक्षिप्तता की दिशा में आचरण करना शुरू कर देता है। बहरहाल, दोनों ही स्थितियों में नुकसान व्यक्ति का ही होता है। ऐसी हालत में सही समझ पैदा करने की जिम्मेदारी भी व्यक्ति की हो जाती है।

मैं व्यक्ति और समाज की द्वन्द्वयुक्त पारस्परिकता में सिर्फ यह नहीं कहना चाहता कि व्यक्ति अपनी अभिवृत्ति की यथा-स्थिति कायम रखते हुए समाज के जुल्मों को समताभाव से झेले और अपनी त्रस्त जिन्दगी जीते हुए बिना किसी शिकायत के मृत्यु का वरण करे, बल्कि मेरा आशय यह है कि व्यक्ति के अन्दर समता भाव के साथ सम्यक् ज्ञान का भी योग होना चाहिए। सम्यक् ज्ञान का तात्पर्य ऐसा व्यावहारिक ज्ञान, जो समाज की अनुक्रियाओं को समाज के ही दृष्टिकोण से समझे। ''समाज को क्या करना चाहिए'' की बजाय यह देखना चाहिए, कि समाज क्या करता है। समाज के क्रियाकलापों को हम अपने कोण से सापेक्ष कर या किसी निरपेक्ष आदर्श के कोण से ही न देखें, बल्कि उसे उसी के यथार्थ कोण से आँकें और समाज के प्रति अपनी अभिवृत्ति को यथार्थपूरक बनाते हुए दृष्टिकोण में लचीलापन और उदारता का मिश्रण करें, तब समताभाव को धारण करने से कुंठाओं से बचा जा सकता है। तब समताभाव सही मायने में सम्यक्त्व का परिचायक हो सकता है। आज के विसंगतियों से भरे समाज में ऐसे ही सम्यक्ज्ञान-युक्त माध्यस्थ-भाव धारण करने से जीवन सुखी हो सकता है। समाज के वर्तमान स्वरूप से न तो पूर्ण पलायन न आकंठ डूबी लिप्तता कार्यकारी है, अपितु मूल में समताभाव और बाह्य में अभिवृत्ति का लचीलापन और उपयुक्त अभियोजनशीलता से ही व्यक्ति मानसिक विकारों का शिकार

हुए बिना जी सकता है।

जो व्यक्ति सही अर्थों में सम्यक्त्वी जीव है, वह निर्भीक और साहसी होता है। निर्भीक और साहसी का अर्थ यह नहीं, कि जो समाज के नैतिक नियमों से शतप्रतिशत बँधकर चले और जिसमें अपराधबोध का भाव न हो, बल्कि उसका तात्पर्य है नैतिक साहस जो उसकी बौद्धिक ईमानदारी से मंडित हो। कोई व्यक्ति, मान लीजिए, रिश्वत लेता है या किसी सेक्स टंटे को करता है, जिस पर समाज का पूर्ण निषेध लगा है, तो क्या वह व्यक्ति निर्भीक और साहसी नहीं हो सकता? वह हो सकता है, यदि उसके अन्दर अपने उस गिल्ट को सार्वजनिक रूप से कबूलने का और उसके फलस्वरूप समाज की प्रतिक्रिया से दंडित होने का उसमें साहस है। और वह अपनी इन क्रियाओं को करने में अपने प्रति ही ईमानदार है, भले ही अपनी कमजोरी से, तो वह व्यक्ति इन सबके बावजूद निर्भीक हो सकता है। वह कुंठाग्रस्त और उससे जनित घुटन टूटन का शिकार नहीं होगा और जीवन को साहस से जी सकेगा।

इस सम्बन्ध में एक ही उदाहरण देना पर्याप्त होगा। इग्लैंड का प्रसिद्ध विचारक, लेखक दार्शनिक फ्रांसिस बेकन अपनी असाधारण योग्यता के बल पर, कहा जाता है, ब्रिटेन के उच्च न्यायालय का न्यायधीश बना। उस बड़ी प्रतिष्ठा के पद पर रहकर उसने रिश्वत ली। उस पर आरोप लगा, तो उसने सार्वजनिक रूप से स्वीकार किया कि उसने अमुक व्यक्ति से भेंट स्वीकार की है। फिर उसने अपने बुद्धिचातुर्य से यह सिद्ध किया कि यह भेट दो व्यक्तियों के बीच का व्यक्तिगत मामला था, उस मुकदमे से इसका कोई सम्बन्ध नहीं जिसमें भेट देने वाला व्यक्ति अभियुक्त था, क्योंकि मुकदमे का निर्णय पूर्णतः कानून और तर्क के आधार पर दिया गया था। किसी भेंट से वह मुकदमा बिलकुल प्रभावित नहीं हुआ। अब यहाँ पर यह प्रश्न उठा सकता है कि क्या बेकन का अपने बचाव में दिया गया तर्क मान लिया जाए? मेरा कहना है, वह माना जाए या न माना जाए, लेकिन यह देखने की बात है कि बेकन इतना यथाकथित अनैतिक होने के बाद भी बौद्धिक रूप से ईमानदार और नैतिक रूप से साहसी रहा जो एक मिसाल है। वह कुंठाग्रस्त नहीं हुआ। अतः व्यक्ति समाज के सन्दर्भ में घुटन टूटन से तभी बच सकता है जबकि उसकी अभिवृत्ति बौद्धिक ईमानदारी और नैतिक साहस से मंडित हो।

और अब अन्तिम बात

मनोवैज्ञानिक समस्याएँ आधुनिक जीवन की त्रासदी के रूप में उपस्थित हैं। अधिकांश लोग इसे सह रहे हैं और इससे निजात पाने के लिए जूझ रहे हैं। उसके विविध कारणों पर प्रकाश भी डाला गया। यह त्रासदी क्यों है, इसका सम्यक् रूपेण उत्तर मिल जाए तो समस्या का अर्द्धांश हल हो जाता है। जैन-दर्शन जीवन के इस व्यावहारिक पक्ष से सदैव ही जाग्रत रहा है और इस त्रासदी की वस्तुस्थिति, कारण और निवारण तीनों का ही जैनों द्वारा नित्य पाठ किये जाने वाली बारह भावना में मौजूद है। इन्हीं बारह भावनाओं को बारह अनुपेक्षाएँ या बारह आर्य भावनाएँ भी कहा जाता है। इत्यलम्।

❑❑